Peter Gross / Karin Fagetti

Glücksfall Alter

Peter Gross / Karin Fagetti

Glücksfall Alter

Alte Menschen sind gefährlich, weil sie keine Angst vor der Zukunft haben

HERDER

FREIBURG · BASEL · WIEN

www.herder.de

Umschlaggestaltung: Groothuis, Lohfert, Consorten | glcons.de
Umschlagmotiv: Biograf Jan Svěrák, 2007. Aus dem Film LEERGUT
Foto: Jiří Hanzl

Satz: Layoutsatz Kendlinger
Herstellung: fgb freiburger graphische betriebe
www.fgb.de

Gedruckt auf umweltfreundlichem, chlorfrei gebleichtem Papier
Printed in Germany

ISBN 978-3-451-29938-4

Inhalt

Allen, die Angst vor der Zukunft haben

Vorwort

Wir werden alle alt und älter. Deshalb gibt es so viele Alte. Und so viele Bücher über Alte. In der bisherigen Geschichte waren immer die Jungen in der Überzahl. Jetzt sind es die Alten. Deshalb kommt man sich in Europa vor wie in einer Altenausstellung. Alte, die mit Seniorenermäßigung die Züge, Seilbahnen, Museen und an sonnigen Nachmittagen Ausflugsziele bevölkern. Alte, die auf ihren Exkursionen überall nur verwahrloste Kinder und verantwortungslose Eltern vermuten. Alte im Séparée des Privatkundenbereichs der Banken oder in der Altersresidenz auf Mallorca. Im Fernsehen Themenwochen über und für Alte. Dafür keine Jungen. Kein Babygeschrei. Nichts, was herumtollt, außer Hunden, die nicht unterscheiden zwischen herzigen Kindern und tattrigen Greisen.

Können wir so überleben? Nein, meinen fast alle. Eingeschlossen die Alten. Ohne Kinder läuft gar nichts. Europa hat eine ansteckende Krankheit und Kinder sind ihr Heilmittel. Ohne sie keine Liebe, kein Wachstum, kein Geld. Aber ist das die Wahrheit? Ebenfalls nein. Älter zu werden und weniger Kinder zu haben ist Ergebnis und Kennzeichen freiheitlicher Gesellschaften. Europa kann stolz sein auf eine Kultur, die diese Entwicklung ermöglicht und gestattet. Auf eine langlebige Gesellschaft, die Vorbild jener Kontinente und Länder sein wird, die unter Bevölkerungsdruck und hoher Sterblichkeit leiden.

Natürlich gibt es Krisen, Krankheiten, Verlustgefühle, Angst vor dem Abschiednehmen. Es wird Nationen geben, die mit

Recht eine Entleerung ihrer Räume befürchten. Aber es gibt auch ein liebenswertes Late-life – mit mehr Platz, weniger Gerangel und weniger Staus – für die Alten und für die Jungen. Und mehr Gelassenheit. Ein schönes, interessantes und in mancherlei Hinsicht beglückendes Spätleben. Mit neuen Alten, die das Leben verstetigen. Und Jungen, die noch nie so viel Zeit vor sich hatten.

Die gewonnene Zeit bedarf freilich der Sinngebung und Bearbeitung. Die mit ihr verbundenen neuen Fragen verlangen neue Antworten. Innerhalb eines Jahrhunderts sind die Menschen bei uns drei Jahrzehnte älter geworden. Die überkommene Dreigliederung des Lebenslaufs in Kindheit, Erwachsenheit und Alter wird aufgesprengt und zwischen Erwachsensein und Alter schiebt und drängt sich das neue oder junge Alter. Für dieses Alter fehlt noch der Begriff. Und wo der Begriff fehlt, ist Raum für Angst.

Dementsprechend herrscht ein Tohuwabohu von Prophetien, Klarstellungen, Klagen und Forderungen. Die Regale biegen sich unter einer Flut von Pamphleten. Kongresse landauf, landab. Fragen über Fragen. Alzheimer, Vereinsamung, Verarmung, Partnerschaftsprobleme, sexuelle Not, Langeweile.

Fast ein Jahrhundert ist es her, dass in Luigi Pirandellos Schauspiel „Sechs Personen suchen einen Autor“ die Schauspieler verzweifelt nach einer Regie riefen, die sich ihres Schicksals anzunehmen bereit wäre. Mit dem neuen Alter öffnet sich der Vorhang zu einem neuen Akt im Welttheater. Zu einer Weltpremiere. Und wie in Pirandellos Lehrstück suchen nicht nur die Alten, sondern alle, auch die Jungen, nach einem Skript und spielen, in Ermangelung eines solchen, Stegreiftheater.

Das An- und Hereinnehmen dieses neuen Lebensabschnitts, seine Deutung, sein Eingliedern ins Ganze, erfordert nicht nur gesellschaftspolitische Korrekturen, sondern individuelle Lebensklugheit. Und ein Miteinander-Denken von Alt und Jung. Alte Leute sind gefährlich, weil sie keine Angst vor der Zukunft haben, wie Bernard Shaw gesagt hat. Und junge Leute, fügen wir hinzu, sind gefährlich, weil sie Angst vor der Zukunft haben.

Darum hat dieser Text zwei Autoren. Zwei Menschen unterschiedlichen Alters und Geschlechts, die zusammen ein Buch geschrieben haben. Eine Streitschrift, ein Skript, in dem alle Menschen – mit und dank all ihrer Unterschiede – eine tragende Rolle spielen. Der Sinn: Menschen in der alternden Gesellschaft neue Schlüsselrollen vorzuschlagen und ihnen mit diesem Buch ein Skript in die Hand zu geben, mit dem sie schließlich auch ohne Autor, ohne Regisseur, ihre Rolle finden.

Das Buch beinhaltet 15 Kapitel. Wir eröffnen es mit brennenden und kontrovers beurteilten Fragen von Alzheimer bis Viagra, vom Generationenkrieg bis zur Prada tragenden Omi (Kapitel 1–5). Sie enthalten schon die Stoßrichtung des gesamten Buches: die Abkehr von Gemeinplätzen und Vorurteilen über eine kommende Katastrophe. Und die lustvolle und furchtlose Erprobung neuer Lesarten. Die Kapitel 6–10 befassen sich mit der demografischen Herausforderung insgesamt, mit Geld, Geist und Geiz, mit Arbeitseifer und Wohngemeinschafts-Träumen. Der letzte Teil des Buches (Kapitel 11–14) nimmt sich der Zeit an, die jedem Leben früher oder später noch bleibt. Und fragt nach einem dieser Zeit gemäßen Umgang mit Tod und Sterben, nach einem Umgang mit den letzten Dingen jeden Lebens, der statt Schatten Licht und Sinn spendet. Kapitel 15 schließt mit Thesen zur kommenden langlebigen Gesellschaft, die von allen, die in diesen neuen Lebensabschnitt eintreten, fortgeschrieben werden können - und müssen.

1. Premierenangst

Es klingt lächerlich banal und ist doch nicht gehaltlos oder nichtssagend: Alle altern. Immer. Vom Zeitpunkt ihrer Geburt an. Aber nun altern alle länger, und zum ersten Mal in der Geschichte wendet sich das Blatt zugunsten der Alten. Alt werden und alt sein, und das möglichst lange in gutem Zustand – viele wünschen sich das und schrecken nun doch vor einer Gesellschaft zurück, in der das so ist. Warum eigentlich? Wieso wird das, worauf die Gesellschaft schon so lange mit viel Aufwand hinarbeitet, plötzlich zum Problem? Warum hat eine Gesellschaft mit einem Mal Angst davor, endlich dort anzukommen, wo es sie hindrängte? Bei einem für möglichst viele Menschen erfüllten, langen, über weite Strecken gesunden und mehrheitlich glücklichen und vor allem sinnerfüllten Leben. Gewiss, Träume sterben an der Schwelle zu ihrer Erfüllung, aber dieser Traum hat eben erst begonnen und muss sich keineswegs als Albtraum entpuppen.

Es gab Zeiten mit Massensterben. Und solche mit Massenepidemien. Heute leben wir in einer Zeit des Massenalterns. Unmerklich und ganz entgegen dem kontinuierlich voranschreitenden Alterungsprozess sind wir in eine Situation hineingerutscht, die lange im Verborgenen blieb. Glaubten wir vor ein paar Jahrzehnten noch, dass wir uns wegen der Bevölkerungsexplosion bald zu Tode trampeln würden, sehen wir nun eine Zeit auf uns zukommen, in der die Bevölkerung schrumpft und altert. Entleerte Landstriche, leere Schulen und Shopping-Malls, vergreiste Parlamente und Geisterstädte. Die

Plätze und Straßen, die Bahnhöfe und Flughäfen sind voll von Alten. In Deutschland gibt es schon weit über 10 000 über Hundertjährige und Ältere. Viele Eltern erleben die Pensionierung ihrer Kinder. Und Kinder erben von ihren Eltern, wenn sie selbst bereits Großeltern sind. Plagten uns bei der Diskussion rund um die Bevölkerungsexplosion noch klaustrophobische Schübe, entsteht derzeit ein Horror Vacui, eine Angst vor der Leere. Vielen erscheint sie schlimmer als alle bisherigen Bedrohungen.

Dass diese Entwicklung so empfunden wird, ist leicht erklärlich. Alles, was unvorhergesehen über die Menschen kommt, macht Angst. Dass diese Angst von Politikern und Wissenschaftlern, von Propheten, Filmemachern und Autoren ausgebeutet wird, ist offensichtlich. Die einen drohen mit der Unfinanzierbarkeit der demografischen Entwicklung. Die anderen warnen vor Generationenkriegen. Ökologische Kriegsverbrecherprozesse werden prognostiziert, geführt von unseren Kindern gegen die Alten. Andere sehen mit der abnehmenden Kinderzahl klirrende soziale Kälte über uns hereinbrechen. Und in Umlauf gebracht ist in Umkehrung des 1926 erschienenen Romans von Hans Grimm mit dem Titel „Volk ohne Raum“ das Wort vom Raum ohne Volk. Weil sich damals der Slogan „Volk ohne Raum“ als griffige Formel anbot, um alle wirtschaftlichen und sozialen Probleme der Weimarer Republik auf eine Ursache, eben den vermeintlichen Raummangel, zurückzuführen, trägt die demografische Entwicklung seit hundert Jahren die Schuld an fast allem, primär an den großen Zerwürfnissen unserer Gesellschaft: an der fehlenden Balance zwischen den Generationen, an der Unfinanzierbarkeit der

Renten, an fehlender wirtschaftlicher Entwicklung, an der Frauenemanzipation, an Kriegen … Der Horror Vacui wird zur Großleinwand für in düsteren Farben gepinselte Horrorszenarien.

Natürlich verändert die Präsenz des Alterns und des Alters in den Medien und die Präsenz der Alten in allen Poren der Gesellschaft den Blick aufs Alter. Besorgt beugt man sich über sich selbst. Was geschieht da mit einem? Plötzlich sitzt Mann nach der Pensionierung zu Hause und fragt ungeduldig, wann es Mittagessen gebe …, während Frau sich über seine dauernde Anwesenheit und womöglich auch Dauernörgelei aufregt. Eine ehrliche Selbstvergewisserung fördert jedoch nicht nur Sorgen zutage. Nicht einmal hauptsächlich. Den Horrorszenarien einer kalten Gerontokratie, auf die wir angeblich zusteuern, kann niemand viel abgewinnen, weder Alte noch Junge. Nicht darum, weil man das Altern verdrängen möchte. Nein. Aber das eigene Altern deckt sich irgendwie nicht mit den öffentlichen Diskussionen rund um den „Problemfall Alter". Man fühlt sich weder schwach noch krank. Es ereilt einen kein gesellschaftlicher Kältetod, keine bösen Geister beherrschen den Pensionistenalltag. Alte sitzen nicht mehr auf der Ofenbank und warten geduldig und schweigend auf den Tod.

Die „Goldboomer", „Grufties", „Slow-Goes" oder „Silberrücken" bringen mit ihrer Vielfalt und ihrem Herumprobieren ein anarchistisches, experimentelles Element in unsere auf „Alles nach vorn" getrimmte Gesellschaft. Sie demonstrieren in ihrer Heterogenität ein Leben ohne wirtschaftliche Zwecksetzungen. Dass sie keine Angst vor der Zukunft haben, heißt nicht, dass sie nicht mehr über die Folgen ihres Tuns nachdenken, sondern dass sich Altern und Altsein nicht so anfühlt, wie es oft dargestellt wird. Und auch in den Augen der Jungen sind die Alten keineswegs Insassen von Todeszellen. Sondern in aller Regel quicklebendig, offensiv und laut. Altern ist jedenfalls vielfältiger, komplexer und eine neue, historisch einzigartige Herausforderung.

Altern ist, wie es hochwissenschaftlich heißt, ein unmerklicher, lebenslanger Prozess, in dem die lebende Substanz über den gesamten Lebenslauf hinweg einer fortschreitenden Wandlung unterworfen ist. Dasselbe gilt für die Selbstdeutung. Mit 40 ist man nicht wie mit 20 und nicht wie mit 60 oder 70. Allem Altern ist aber etwas gemeinsam: Man wird und ist ganz gerne alt. Und hat überhaupt nicht das Gefühl, in einem Horrorkabinett gelandet zu sein. Im Gegenteil, die Stimmung der Alten ist in der Regel gut. Besser jedenfalls als in Discos oder auf Fußballplätzen, wo das Jungvolk einströmt. Selbst im Altersheim, wo Peter seine liebe Mutter besucht, herrscht eine freundlich-aufgeräumte Stimmung unter den Alten, auch unter den über 90-Jährigen. Wenn stirnrunzelnd behauptet wird, wir in Mitteleuropa seien zu einem gigantischen Altersheim mutiert, muss man hinzufügen: Jawohl, und auch noch zu einem insgesamt freundlichen und einladenden.

Gewiss geht es nicht allen Alten immer und überall gut. Aber es tut gut zu wissen, dass alt zu sein nicht zwangsläufig unglücklich macht. Im Gegenteil. Wenn man jung ist, ist man ziemlich glücklich, dann geht es bergab und man wird immer glücklicher. So bilanziert der Nationalökonom Bruno S. Frey seine Glücksstudien zum Alter zwischen 65 und 75. Pensionäre sind allen verfügbaren Studien zufolge die glücklichsten Menschen in dieser Gesellschaft. Und die Frischlinge unter ihnen fühlen sich noch nicht einmal alt. Einer internationalen Untersuchung zufolge fühlen sich Schweizer erst mit 69 Jahren alt, die Deutschen mit 67 und die Österreicher vermutlich auch. Und die Frauen scheinen noch glücklicher zu sein als die Männer. Sie investieren zwar weit mehr in kosmetische Verjüngungsversuche, altern aber letztlich doch leichter als Männer, die die ihnen verbleibende Zeit häufig nur noch armselig abstottern.

Ist es denn ein schicksalhaftes Verhängnis, wenn man sich erst mit 70 als alt empfindet und in dieser Zeit glücklicher ist als in den Jahren und Jahrzehnten zuvor? Niemand aus unserer Bekanntschaft möchte wiederholen, was er hinter sich hat, ob er nun 40, 60 oder 70 ist. Weder die Schulzeit noch den Stress im Arbeitsleben, nicht die Familiengründung, das Kinderhaben und die ständige Überforderung im Erwerbs- und Privatleben. Die Frauen vielleicht noch weniger als die Männer.

Freilich ist solche Kleinmeierei den Untergangspropheten zuwider, diesen notabene mehrheitlich männlichen Katastrophenwarnern, die mit besonders schwerem Geschütz auffahren: mit toten Städten, leeren Schulen, verarmten Rentnern, sterbenden, zum Untergang verurteilten Völkern. Aber erstens einmal: Warum kann, egal ob man nun jünger oder schon älter ist, weniger nicht auch mehr sein? Warum nicht anstelle von Horror Vacui Amor Vacui, die Liebe zur Leere? Mehr

Platz und weniger Stress, mehr Konzentration und weniger Konfusion? Sind weniger Kinder nicht das gewollte Resultat millionenfacher Entscheidungen, Kinder nicht mehr einfach zu haben, sondern sie zu wollen? Sind wir über selbständige Kinder nicht glücklich? Und sind wir über die weniger zahlreich vorhandenen Kinder auch in der eigenen Familie eigentlich unglücklich?

Machen weniger Jugendliche nicht weniger Stress und haben sie nicht weniger Konkurrenz und mehr Raum im Erwerbsleben? Werden die zahlenmäßig kleineren nachwachsenden Generationen nicht in einer ganz neuartigen Weise umworben? Hat sich im Personalmanagement nicht die Gewichtung zugunsten des Mitarbeiters verändert, ganz gleich, ob er nun jünger oder schon über 45 ist? Der Bewerber sucht nicht eine Stelle, er wird gesucht. Stehen nicht beispielsweise in den Ingenieurswissenschaften seit einigen Jahren die Unternehmen bei den Universitäten Schlange, um ihre Mitarbeiterinnen und Mitarbeiter zu rekrutieren? Und wird der Konsument nicht in einer ganz neuartigen Weise umworben und als Arbeitgeber aller Arbeitgeber bezeichnet?

Dennoch werden im Brustton der Überzeugung abenteuerliche Behauptungen in die Welt gesetzt. Die Meinung etwa, bei weniger Kindern werde keine soziale Wärme, keine Empathie mehr produziert, ist obskur. Als ob es dazu ausschließlich der Kinder bedürfte und diese hauptsächlich zwischen den Kindern erzeugt würde. Das Gegenteil ist doch wahr: Weniger Kinder erhöhen nicht nur die Erb-, sondern auch die Zuneigungsquoten für die Kinder. Und zwar über eine verlängerte

Lebenserwartung von drei und häufig vier Generationen hinweg. Es ist historisch eine einzigartige Situation, dass drei und vier Generationen ihre Zuneigung und auch ihre Lasten über eine Spanne von häufig 80, 90 oder gar hundert Jahre verteilen können. Und schließlich können nicht nur Blutsverwandte soziale Wärme erzeugen. Enge Bande, Krisen überdauernde Beziehungen sind ebenso zwischen nicht blutsverwandten Menschen möglich. Blut ist zwar dicker als Wasser, aber das Lebenselixier für ihre tragfähigen Beziehungen beziehen viele Menschen nicht aus Blut und Boden.

Besonders ärgerlich sind die im Wochentakt aufgeworfenen Hiobsbotschaften über die Zukunft der Renten- und Pflegeversicherungen. Wenn schon von einer Altenlast gesprochen wird, muss man korrekterweise von beiden Lasten reden: es gibt eine Altenlast *und* eine Jugendlast. Und vielleicht kosten die Jungen den Steuerzahler sogar mehr. Die Ausgaben für Bildung und Erziehung werden Jahr für Jahr kräftig erhöht. Und noch immer tragen die Alten einen Großteil der Renten- und Gesundheitskosten. Wenn gerechnet wird, sollte man endlich richtig rechnen. Nicht die Jungen finanzieren die Alten, sondern die Alten finanzieren sich im Wesentlichen immer noch selbst. Und die Jungen werden höher bezuschusst als die Alten.

Nicht nur richtig rechnen muss man, sondern auch denkmögliche, jetzt noch gar nicht absehbare Änderungen einbeziehen. Wer sagt denn, dass Geburtenquote und Lebenserwartung unverändert bleiben? Wer eigentlich rechnet nicht mit einer Erhöhung des Pensionsalters bzw. der Verrentungsgrenze? Das

Lamento über den Zustand der westeuropäischen Gerontokratien ist das Resultat einer äußerst lieblosen, materialistischen und den heutigen Zustand einfach in die ferne Zukunft hinein fortschreibenden Betrachtungsweise. Die Welt ist nicht nur Geld. Und sie bleibt nicht, wie sie ist. Das Alter ist nicht allein eine Frage der Finanzierung. Und ein gedeihliches Altern hängt nicht allein davon ab, ob die Rentensysteme gesichert sind, und die Sicherung der Rentensysteme ist keineswegs nur eine Frage der Kinderzahl. Dem neuen Akt im Welttheater fehlt vielmehr die Sinngebung.

Freilich gibt es für diese neue Zeit noch keine Vorbilder. Es fehlt die Generation, die von ihrer ausgedehnten Zeit erzählen könnte. Zwar ist das alte Leben nicht mehr, wie es war. Geburt, Familienphase und Tod – dieser Dreiakter gelangt in unseren Breitengraden praktisch nie mehr zur Aufführung. Aber es ist, als ob das deutlich verlängerte Leben immer noch wie dieser Dreiakter durchgespielt wurde. Zügig, ein Akt nach dem anderen, peng, peng peng. Dass deshalb der zwischen den zweiten und dritten Akt hineingeschobene neue Teil gegen Ende hin ausfranst wie ein Hippie-Kleid und bei Akteuren wie Zuschauern eine seltsam lähmende Müdigkeit und Blockade erzeugt, veranlasst die Menschen noch nicht dazu, das Stück neu zu schreiben. Sie tun immer noch so, als wäre der neue Vierakter mit dem Skript eines Dreiakters aufzuführen. Als gäbe es nur die Möglichkeit, den Spannungsbogen in die Länge zu ziehen.

Wir erleben derzeit die letzten Minuten der Pause nach den ersten Akten. Es ist die Zeit, in der viele der Horror Vacui beschleicht, die Angst vor der Leere des neuen jungen Alters. Besonders die Männer tun sich schwer. Das Alte ist weg, vorbei, und das Neue ist noch nicht richtig da. Kein Souffleur weit und breit, kein Bühnenbild, kein Autor, der das Sagen hat – aber ein gewaltiges Gerede und Verweisen. Und wenn sich der Vorhang zum neuen Akt öffnet, erkennt man in Umrissen die Kulisse und fragt sich, ob sie mehr ist als eine Hollywood-Westernstadt: vorne fix, hinten nix. Daher rührt die Angst, deshalb zupfen die Spieler verunsichert und ängstlich am Vorhang. Deshalb versuchen sie, den Dreiakter, den sie doch so gut kennen, seine Dialoge, die sie im Schlaf beherrschen, zurückzuholen und durch einen kräftigen Schlussapplaus die Jugend bis zum Tod hin zu verlängern. Deshalb wollen sie Krankheit und Gebrechen auf der neuen Kulisse keinen einzigen Pinselstrich zugestehen, und dem letzten Pinselstrich – Sterben und Tod – in der Manier menschlicher Hybris nachhelfen. Deshalb beherrschen Finanzspezialisten und Ökonomen die Hinterbühne und dienen den Sinnsuchern ihre Drehbücher an.

Aber die ganze Welle an Dienstleistungen und Vorsorgeprodukten, die auf die jungen und alten Alten, auf Frauen und Männer zukommt, die Hilfestellungen also, die ihre Testamente, ihre Geldanlagen, ihre Steuern und ihre Badewannen betreffen, berühren den Kern der Sinnfrage nicht. Sie können das Fehlen von Antworten auf die grundsätzlicheren Fragen nicht kompensieren. Am Leben zu sein allein genügt nicht, um zu leben. Der Sozialhistoriker Arthur E. Imhof hat einmal leicht ironisch bemerkt, dass der moderne Mensch ein paar zusätzliche Lebensjahre gewonnen, dafür aber die Ewigkeit verschenkt habe. Ob verschenkt oder verloren, viel wichtiger ist die Frage, was die gewonnenen zusätzlichen Jahre bringen. Der modernen Gesellschaft und den Menschen in ihr. Wenn sie bisher funktionslos erschienen, einzig als nicht vorhergesehenes Ergebnis medizinischer Tatkraft; wenn sie bisher nichts bedeuteten, weil es sie schlicht nicht gab, rücken sie nun eine längst überfällig gewordene Frage ins Zentrum – die nach dem Sinn dieses Alterns und Alters.

Braucht unsere schnelllebige, fortschrittsbeseelte und überhitzte Gesellschaft vielleicht eine Verlangsamung? Nimmt die Überalterung der Gesellschaft ihr den Druck, unter dem sie und die Menschen in ihr zu zerspringen drohen? Welche Rolle spielen dabei die Frauen? Welche die Männer? Ist Alzheimer wirklich das Waterloo eines Lebens? Ist angesichts der normal werdenden Altersdemenz die Rede von einem Glücksfall nicht monströs? Und verdient man sich mit Viagra, Botox-Spritzen, Absaugmanövern oder Anti-Falten-Kosmetik tatsächlich den Schlussapplaus zum langen Leben? Die gewonnene Zeit dient der Sinngebung und Verbesserung der noch verbleibenden Lebenszeit inklusive ihrer Krankheiten und Probleme. Denn was für diese Zeit fehlt, ist weniger Geld als vielmehr Sinn. Und Menschen, alte und junge, beschenkt mit einer sinnerfüllten neuen Zeit, ziehen im Welttheater nicht einfach den Dreiakter zu einem Vierakter in die Länge, sondern machen es sich zur Aufgabe, ein neues Stück zu schreiben – mit einer neuen Dramaturgie. Eine echte Weltpremiere.

Wie allem Neuen fehlt dem neuen Altern noch der Sinn. Statt Angst vor der Leere eines neuen, eines neugewonnenen Lebensabschnittes braucht es Freude am weißen Blatt. Und Freude daran, nicht einfach Altes fortzuschreiben, sondern einem neuen Stück auf die Bühne des Lebens zu verhelfen. Einem Stück, in dem Alte wie Junge, Frauen wie Männer, mit einem neuen Skript versehen ihre Rolle finden würden.

2. Alzheimers Segen?

Alter schützt vor Liebe nicht, aber Liebe vor dem Altern, soll Gabrielle Coco Chanel, die weltberühmte Modeschöpferin, einmal gesagt haben. In einem wunderbaren, hochgelobten Film der kanadischen Regisseurin Sarah Polley mit dem Titel „An ihrer Seite“ (engl. Titel: „Away From Her“), verlieben sich zwei Alzheimer-Patienten ineinander. Grant und Fiona Gordon, gespielt von Gordon Pinsent und der älteren Zuschauern wohlbekannten Julie Christie, sind seit 44 Jahren glücklich verheiratet. Fiona bekommt Alzheimer, insbesondere ihr Kurzzeitgedächtnis verschlechtert sich zusehends. Im nahe gelegenen Pflegeheim, in das Fiona vorübergehend zur Abklärung zieht, verliebt sie sich in den Mitpatienten Aubrey (gespielt von Michael Murphy).

Man erinnert sich nicht ohne eine gewisse Erleichterung des Alzheimer-Witzes, dass die Krankheit einem täglich neue Freunde beschere (weil man die alten über Nacht vergisst). Im besagten Film kommt es darob zu einer Tragödie mit dem Ehemann der Protagonistin und zu einer zärtlichen Begegnung mit dem Mitpatienten. Es mag sein, dass in „An ihrer Seite“, wie die Kritik bemerkt hat, Alzheimer verharmlost wird. Aber der Film nähert sich dieser Krankheit mit einer Lesart, die der überkommenen scharf widerspricht. Alzheimer ist in der medizinischen und der Volksdeutung ein Todfeind. Und nicht nur für die Medizin gilt es, diesem Todfeind mit allen Mitteln den Kampf anzusagen und ihn zu besiegen.

Demenz und Alzheimer sind in einer älter werdenden Bevölkerung eine normale Erscheinung. Schon heute leiden fast 40 Prozent der über 90-Jährigen an einer Demenzerkrankung, wovon die Alzheimer-Demenz mit einem Anteil von etwa zwei Dritteln die häufigste Form ist. Von Alzheimer sind weltweit fast 30 Millionen Menschen betroffen. Die Krankheit ist eine Erscheinung, die mit dem massenhaften Älterwerden der Menschen zusammenhängt. Aber sie ist nicht der hohe Preis, den wir dafür zu zahlen haben, wie gerne behauptet wird. Und schon gar kein Skandal. Sondern sie öffnet – so provokativ dies erscheinen mag – Sinnfenster.

So ist Peters Vater im Alter von 80 Jahren gestorben. Seine Mutter nimmt ihrem Mann immer noch übel, wie es geschah. Er stand beim abendlichen Fernsehen auf, verschloss die Läden des Schlafzimmers, legte sich ins Bett und verstarb. Einfach so. Er verließ das Leben so, wie man es nach landläufiger Meinung verlassen sollte: ohne es zu merken, komprimiert, schnell, schmerz- und bewusstlos. Am Morgen einfach nicht mehr wachwerden. Den Tod nicht sehen und nicht spüren. Peters Mutter grollt aber gerade deswegen. Und auch nach 20 Jahren noch. Es wäre noch so viel zu besprechen gewesen. Man hätte sich noch so viel zu sagen gehabt. Zu viel habe man im Leben vor sich hergeschoben und aufgespart, um sich im Alter darauf zu besinnen und es wegzuarbeiten. Er aber habe sich davongestohlen.

Die Alzheimer-Krankheit ist das genaue Gegenteil eines schnellen Todes. Alzheimer heißt Sterben in Raten. Dieses Sterben, nicht der jähe Herzstillstand, gilt in der allgemeinen

Anschauung als furchtbar. Alzheimer gehört zu jenen Krankheiten, über die in apokalyptischen Tönen berichtet wird. Sie ist zur Horror-Metapher für die alternde Gesellschaft der Industrieländer avanciert. Ganz konträr zum Tod durch Infarkt oder Hirnschlag, zum „Päng-Päng-Tod", wie ihn Klara Obermüller in ihrem berührenden Buch „Weder Tag noch Stunde" nennt. Die Vorstellung, dass man am Ende des Lebens eine leere Hülle ist, aus der die Person, das Ich, das die Gegenwart so stark gemacht hat, sich verflüchtigt, ist in der Tat beklemmend. Aber wirklich ausschließlich?

Alzheimer, die vom Arzt und Forscher Alois Alzheimer 1906 erstmals beschriebene Krankheit, führt zunächst zu einem langsamen und, in der Anfangsphase auch für die Betroffenen, leidvollen Sterben. Der Tod wird, auch für die Angehörigen, verschoben und immer wieder hinausgezögert. Man stirbt und stirbt und stirbt. Dieses Ende scheint den Beteiligten unzumutbar. Aber ist das wirklich und in jedem Fall so? Lässt sich nicht auch Alzheimer, diese mit der Verlängerung der Lebenserwartung epidemisch zunehmende, uns vielleicht selbst einmal betreffende Krankheit, mit einem Sinn versehen? Ist Alzheimer überhaupt eine Krankheit? Und ist sie, wenn dies zutrifft, wirklich nur ein Todfeind, der mit allen zur Verfügung stehenden Mitteln bekämpft werden muss? Oder ist Alzheimer eine Herausforderung und eine Frage, die wir uns sorgfältiger ansehen sollten und auch anders als aggressiv beantworten können? In jedem Fall stellt sie Fragen an uns, auf die wir nicht mit Feindschaft zu reagieren haben.

In seinem ebenso einfühlsamen wie beunruhigenden Essay „Das Gehirn meines Vaters" versucht der amerikanische Schriftsteller Jonathan Franzen am Beispiel seines an Alzheimer erkrankten Vaters, solchen Sinnfenstern nachzuspüren. Unter Berufung auf ein Buch von David Shenk („The Forgetting. Alzheimer's: Portrait of an Epidemic") kommt er zu dem Schluss, dass die Alzheimer-Krankheit nicht nur Auslöschung von Sinn und Vergessen bedeute, sondern auch eine Sinnquelle sein könne. Nicht nur, weil das mit Alzheimer einhergehende Vergessen von den Patienten selbst, die Shenk zitiert, häufig als etwas Wohltuendes empfunden werde, und die Patienten eine Steigerung ihres Wohlbefindes erleben, wenn sie nur noch im ewigen Jetzt leben. Das Selbstbewusstsein, das Sich-selbst-Bebrüten kann ja, wie schon Hegel bemerkt hat, auch plagen, zur Verzweiflung und zum Selbsthass führen. Wer ein schweres Leben hatte oder hat, vergisst sich selbst möglicherweise gerne. So wie hässliche Menschen gerne alt werden, weil dann Schönheit nicht mehr zählt. So gesehen wäre Alzheimer ein Selbstvergessen, das weit mehr sein kann und darf als jene Momente, in denen eine Patientin mit zerstörtem Kurzzeitgedächtnis an einer Rose riecht und nicht merkt, dass sie schon den ganzen Tag an dieser Rose riecht. Mehr auch als nur die Möglichkeit zur Erprobung der karitativen Fähigkeiten von Angehörigen.

Das wichtigste Sinnfenster – und Jonathan Franzen scheint David Shenk darin zu folgen – sei die Verlangsamung des Sterbens. In einem schönen Bild vergleicht Shenk die Krankheit mit einem Prisma, das den Tod in ein Spektrum von Vorgängen zerlegt, die normalerweise zusammen stattfinden:

„... erst stirbt die Autonomie, dann das Gedächtnis, dann die Selbstwahrnehmung, dann die Persönlichkeit, am Ende der Körper ...“.

In seinem Buch gewinnt David Shenk der Alzheimer-Krankheit aber noch andere bedenkenswerte Seiten ab. An prominenten Opfern wie dem Dichter Ralph Waldo Emerson, dem früheren US-Präsidenten Ronald Reagan oder dem Künstler Willem de Kooning versucht er, die existenzielle Dimension und Tiefe dieser Krankheit auszuloten. Er befasst sich mit dem keineswegs nur quälenden Verlust der Erinnerungen, der einerseits die Gegenwart umso prägnanter hervortreten lässt, andererseits mit den Erinnerungen auch Plagegeister zum Verschwinden bringt. Er stellt die Frage, ob die Tatsache, dass die Alzheimer-Krankheit den Patienten seine Krankheit und sein Todesurteil vergessen lässt, nicht auch anders betrachtet werden könne. Shenk zitiert Ralph Waldo Emerson, der, zehn Jahre bevor er sich selbst vergisst, vom Gedächtnis als dem Zement des Lebens spricht, als Patient im fortgeschrittenen Stadium aber von einem Gebilde aus Sand, das sich allmählich verliert und verflüchtigt und das Leben leichter macht. Das Leben wird leicht und belastender Sinn fällt von ihm ab.

Es mag sein, dass die Art und Weise, in der Jonathan Franzen den Tod seines Vaters literarisch schildert, der Realität der Krankheit nicht gerecht wird. Nicht alle Alzheimer-Patienten leben in einem freundlichen, stillen, von Gespenstern verlassenen frohen Jetzt. Obwohl es das zweifellos gibt. Jüngst zu Besuch bei einem befreundeten Ehepaar, wo die Frau an Alzheimer leidet, war es doch bemerkenswert, mit welcher Fröhlichkeit sie ihre Gäste begrüßte, obwohl sie sie nicht mehr erkannte. Er komme für sie jeweils, so ihr Mann, nicht vom Einkaufen, sondern von einer Weltreise zurück, so als ob sie ihn, den sie noch knapp erkennt, jahrelang nicht gesehen hätte.

Natürlich gibt es diejenigen, die tätlich werden, nachts durch die Straßen irren, Tag und Nacht bewacht werden müssen. Aber solche gibt es auch bei den sogenannten Gesunden. Die Wochen, Tage und Stunden, in denen sich sein Vater, so Franzen, „an den Tod herangearbeitet hat“, entbehren vieler Verrichtungen, die auch zum Leben und Sterben gehören und über die der Patient jeden Einfluss verloren hat, obwohl er es eigentümlicherweise nicht bemerkt und deshalb auch nicht beklagt. Nach einigen Jahren kann ein Alzheimer-Patient nämlich in der Regel weder alleine stehen noch sprechen noch ohne Hilfe zur Toilette gehen.

Schließlich sinkt der Patient auf die Stufe eines Neugeborenen, sabbert, saugt und krümmt, was offenbar den Beobachtern besonders unheimlich vorkommt, die Zehen im „Babinski-Reflex“ (dabei hebt sich die Großzehe, während sich die Kleinzehen gleichzeitig nach unten und außen bewegen). Wie sich Franzen über seinen Vater beugt, der leicht nach Essig riecht, aber ansonsten „sauber und warm“ vor ihm liegt, und wie der Sohn sich dem Vater zu erkennen gibt und ihm ins Ohr sagt, er könne nun tun und lassen, was er wolle, und niemand würde ihn daran hindern, vermittelt einen Eindruck von der ungemeinen Zuneigung und Liebe des Sohnes zu seinem schwerkranken Vater, den er auch liebt, so wie er im Bett liegt und gähnt und den Kopf immer noch abwendet, wenn er ihm den Mund mit einem Schwamm auswischt. Es berührt natürlich auch darum so stark, weil die eigene Fürsorglichkeit diese Höhen nie erreicht oder nie erreicht hat!

Die Erkrankung des Partners, mit der heute wegen der höheren Lebenserwartung mehr Menschen denn je rechnen müssen, zeigt noch ein weiteres, ebenso bedrohliches wie beruhigendes Sinnfenster: den sinnhaften Umgang mit dem früher oder später eintreffenden Fall einer Notwendigkeit gegenseitiger Pflege. Wer liebevolle Pflege erhofft, wird sie auch selbst geben; wer sagt, dass er seinen Lebenspartner nicht pflegen wird, wird auch – hart, aber wahr – nicht gepflegt werden. Der 90-jährige Bekannte, der in einer Wohnung in St. Gallen zusammen mit seiner alzheimerkranken Frau wohnt, erzählt, dass seine Frau aus gutem Hause kommt, ihn aber, einen einfachen Mann, trotzdem geheiratet habe. Dafür sei er ihr sehr dankbar. Nach einer beruflichen Pleite ermöglichte sie ihm dank ihres Vermögens die Selbständigkeit. Stets sei sie dann da gewesen, für das Geschäft, eine Schreinerei, für alles. Nun gebe er ihr etwas von ihrer Großzügigkeit zurück.

Der Gedanke, seiner Frau mit der Pflege etwas vergelten zu können, scheint diesem Mann zu gefallen. Täglich geht er einkaufen, kocht und schreibt seiner Frau beharrlich Zettelbotschaften. Eine klebt an der Wohnungstür: Sie solle doch um Himmels Willen nicht alleine die Wohnung verlassen. Sie macht es trotzdem. Aber ihren Mann scheint das nicht wirklich zu stören, zumindest nicht so stark, dass er etwas dagegen unternehmen würde. Vielmehr macht es den Anschein, als wäre es keine Katastrophe, sollte seine hochbetagte alzheimerkranke Frau sich dabei verirren, nicht mehr zurückfinden und irgendwo aufgeben. So sei es nun einmal, sagt er, und das gelte es zu akzeptieren und zu respektieren. Bis zuletzt.

Sicher finden sich Gegenbeispiele weniger hingebungsvoller Zuwendung durch die Angehörigen. Die Alzheimer-Patientin etwa, die aus dem Altersheim verschwindet und tagelang nicht mehr auffindbar ist, trotz Alarm-Armbanduhr. Sie habe ihre Schwester im Nachbardorf besuchen wollen, hieß es. Nach zwei Tagen fand man sie tot in einem Waldstück. Niemand klagte. Sie war alt und die Angehörigen akzeptierten, dass ihr Leben auch auf diese Art sein Ende finden konnte. Die an Alzheimer erkrankte Mutter eines Bekannten wurde erst gefunden, nachdem sie zwei Tage hilflos in einem Graben gelegen hatte. Lag sie hilflos in einem Graben? Hat sie sich selbst so gefühlt? Wir sind, da Alzheimerkranke ihr Leben und ihr Befinden nicht erzählen können, auf Vermutungen und Deutungen angewiesen. Ihre Kinder jedenfalls äußerten im Gespräch offen, ein Tod unter diesen Umständen wäre für sie akzeptabel gewesen.

Alters- und Pflegeheime und auch Angehörige betroffener Menschen scheinen jedenfalls einige Schritte weiter zu sein als die restliche Gesellschaft. Sie denken auch an das Wohlbefinden des Patienten und nicht nur an den eigenen Schrecken beim Gedanken an das Verschwinden des Ich, des Selbstbewusstseins. In Altersheimen werden Demenzkranke nicht mehr um jeden Preis festgehalten, festgebunden und eingesperrt. Andererseits wird mit Alzheimer-Patienten auch „gearbeitet“. Solange es möglich ist, bekommen sie einfache Aufgaben zugeteilt. Und bei der therapeutischen Arbeit gibt man ihnen mit einfachen Spielen die Möglichkeit, sich mit Hilfe des Langzeitgedächtnisses an jene Momente im Leben zu erinnern, die gut und schön waren. Das vertreibt die Gespenster, mindert die Aggressivität und steigert das Wohlbefinden der Kranken.

Gleichwohl ist die allgemeine Einschätzung der Alzheimer-Erkrankung ein Musterbeispiel des medizinischen Kampfgeistes, der Akzeptanz und Sinnarbeit mit Kapitulation gleichsetzt. Die Reaktion ist panisch, von den Betroffenen bis zu den Ärzten. Dabei ist Alzheimer auch ein Beispiel für die unvermeidliche Ambivalenz des medizinischen Fortschrittsgedankens. Je weiter der Tod hinausgeschoben wird, desto häufiger muss mit der Krankheit gerechnet werden. Überhaupt kommt die Verlängerung der Lebenserwartung in gewissem Sinne einer Ausdehnung des Sterbeprozesses gleich. Der Mensch lebt länger, als es seine Gene eigentlich vorsehen, zitiert David Shenk den Epidemiologen S. Jay Olshansky von der Universität Chicago, deshalb muss er auch mit mehr Behinderungen und Krankheiten rechnen als früher. Die sogenannte Palliativmedizin, in der die Heilung durch Begleitung und Hebung des Wohlbefindens der Kranken ersetzt wird, ist deshalb auch immer noch mit vielen Vorbehalten von Seiten der kurativen Medizin und von Sterbehilfeorganisationen wie „Exit“ und „Dignitas“ belastet.

Alzheimer ist also das genaue Gegenteil eines komprimierten Todes. Man könnte sagen, die Klage über den zu schnellen Tod müsste verglichen werden mit einer Trauer, die bei Alzheimer endlos lange dauert. Der „Päng-Päng-Tod“ ist dem langsamen Weggehen gegenüberzustellen. Und noch etwas: Das Leben wird, wie Klara Obermüller sagt, bei Schwerkranken in einer „wunderbaren Art sinnlos“, die Kranken sind zu nichts mehr nütze, wenn man den Nützlichkeitsbegriff auf Zweckmäßigkeit einschränkt. Doch dieses Freiwerden von alltäglichen Nützlichkeitserwägungen eröffnet ein Vakuum, in das vielerlei Neues und Ungedachtes einströmen kann. Aber da ist noch mehr. Sterben und Tod sind nicht nur eine Sache der Betroffenen, sondern auch ihrer Angehörigen. Zwar kann es für Alzheimer-Patienten tröstlich sein, zuerst die eigene Krankheit und dann sich selbst zu vergessen. Die Angehörigen jedoch tragen wohl schwerer an der Verkindung ihrer Eltern oder Partner.

Jedenfalls, und das ist die Lehre, ist Alzheimer eine Krankheit, die zum Nachdenken anregt. Die Demenz ist nicht einfach ein Todfeind, der bis aufs Messer bekämpft werden muss. Alzheimer im Alter ist normal. Man wird mit der Herausforderung dieser Krankheit nicht fertig, wenn man sie verwünscht, und man wird mit ihr auch nicht fertig, wenn man sie nur normalisiert. Uns liegt es fern, Alzheimer als Bewährungsübung für karitatives Handeln zu glorifizieren. Gegenüber dem komprimierten Tod impliziert Alzheimer einen Sukzessivtod. Sich daran zu gewöhnen ist nicht einfach, denn wer gibt heute noch etwas auf einen „erarbeiteten“ Tod. Aber wollen wir den Tod von früher zurückhaben? Auch die demografische Entwicklung lässt andere Möglichkeiten zu als ihre Verwünschung und das anschließende Herbeirufen des alten Zustandes. Die überalterte Gesellschaft erzeugt Sinnfenster, Möglichkeiten, sie nicht nur als eine krankhafte Entwicklung zu sehen, die man bekämpfen muss, sondern als Chance, anders, neu, in Alternativen zu denken.

■

Krankheiten werden in der modernen Medizin meist als Feinde betrachtet, die es mit allen Mitteln zu bekämpfen gilt. Diese Einstellung herrscht auch gegenüber sogenannten Alterskrankheiten, insbesondere gegenüber Demenz und Alzheimer. Mit der verlängerten Lebenserwartung und dem medizinischen Fortschritt werden Demenz und Alzheimer indes zu etwas Normalem. Also muss auch der Umgang mit diesen alterstypischen Erscheinungen normalisiert werden. Alzheimer öffnet Sinnfenster zu einer anderen Akzeptanz des Sterbens und des Todes.

3. Viagra oder was man vom Papst lernen kann

Kurt Aeschbacher, der ebenso bekannte wie beliebte Moderator und Sendungsmacher im Schweizer Fernsehen, hat bei einer Podiumsdiskussion über Liebe, Lust und Alter einen Film gezeigt, in dem sich ein Liebespaar auf einer Parkbank heftig liebt und umarmt. Das Paar war offensichtlich runzelig, möglicherweise um die siebzig. Die Passanten in diesem Film reagierten unterschiedlich, teils indigniert, teils belustigt. Auf die Frage, wie sie diese Szene empfinde, antwortete eine Teilnehmerin dieser Podiumsdiskussion mit „unangenehm".

Denn unangenehm ist die Veröffentlichung von Heimlichkeiten und Intimitäten allemal, jedenfalls in Gesellschaften, die noch eine Grenze zwischen dem, was man öffentlich tun und sagen darf, und der Privatheit zu ziehen wissen. Die erotische Liebe zwischen alten Menschen hat indes eine kulturunabhängige Dimension, sie demonstriert etwas, das in allen Kulturen etwas Zwiespältig-Anstößiges beinhaltet. Weder im antiken Griechenland noch im Kamasutra, weder auf den Wandgemälden von Pompeji noch in den zentralindischen Tempeln von Khajuraho wird Altenliebe gepflegt und gezeigt – im Unterschied zu unserer modernen, aufgeschlossenen Welt, in der das Thema „Sex im Alter" nicht nur in Seniorenzeitschriften zu einem Dauerbrenner avanciert ist. In einer Zeit, in der die Menschen im Allgemeinen länger fit und leistungsfähig sind, ist es natürlich und selbstverständlich, dass auch die sexuelle Leistungskraft länger anhält. Liebe, auch erotische Liebe zwischen älteren Menschen, muss in einer modernen Gesellschaft, wo man länger jung ist, ganz gewiss ihren Platz haben. Mit oder ohne Viagra. Problematisch ist etwas anderes.

Die Liebe scheint auf Sexualbeziehungen zusammengeschnurrt zu sein. Auch bei Alten. Nach der Erfindung von potenzsteigernden Medikamenten gab es zuerst reihenweise Witze, dann wurde es ernst. Landauf, landab gab es Podiumsdiskussionen, bei denen stringenter Sex, auch im hohen Alter, wenn nötig mit Hilfsmitteln, gepredigt wurde. Sicher, in der Literatur sind die sexuellen Altmännerfantasien schon länger ein Dauerbrenner, von Max Frisch über Martin Walser bis zu Philip Roth. Jüngere scheuen sich deshalb nicht, Merkwürdigkeiten über die „geilen" älteren Menschen von sich zu geben.

Unter dem Titel „Grundrecht auf den harten Hammer" macht etwa ein bubihaft dreinschauender Martin Schacht die ältere Generation auf ihr Grundrecht auf Sex aufmerksam: „... das letzte, was sie sich nach einem Leben mit Sex ohne Ende vorstellen wollen, ist ein Ende ohne Sex ... Die Schlafzimmer von Frauen und Männern über sechzig dienen keineswegs nur der Regeneration – Erotik ist kein Privileg der Jugend mehr. Die 0190-Omas, die einem im Spätprogramm lüstern entgegenzwinkern, sind dabei die Kehrseite der Medaille." Und: „Jetzt werden in den Laboratorien der Pharmakonzerne erstmals auch Wirkstoffe getestet, die migränegeplagte Frauen in unersättliche Liebhaberinnen verwandeln sollen. So glaubt die Firma Palatin Technologies, im Besitz einer Wunderdroge zu sein, die Blumen, Kerzenlicht, Komplimente und Vorspiel überflüssig machen soll. Verabreicht werden soll das Aphrodisiakum als Nasenspray – eine Vorsichtsmaßnahme des Erfinders. Sonst sei es ja möglich, einer Frau heimlich einfach eine Pille in den Drink zu schmeißen und sie auf diese Weise liebestoll zu machen."

Allen Beteuerungen und Verteidigungen zum Trotz nimmt die Potenz, wenn man älter wird, prinzipiell ab, wenn auch mit starken individuellen Schwankungen. Für viele Senioren, besonders aber für jene, die sich Liebe und Zuneigung nur so vorstellen können, ist das alarmierend. Sie fragen sich, ob sie nun den Arzt und die Verschreibung von potenzsteigernden Mitteln bräuchten. Besonders dann, wenn sie mit um vieles jüngeren Partnerinnen zusammenleben. Dabei übersehen sie nicht nur ihre Gattinnen oder Lebensgefährtinnen. Sondern auch die Tatsache, dass Liebe, gleich einem Kristall, unzählige Facetten hat. Und dass die erotische oder sexuelle Liebe nicht bloß eine der Liebesmöglichkeiten darstellt, sondern gerade jene, die auch am prekärsten ist.

An dieser Stelle die christliche Sexualmoral zu bemühen mag sonderbar erscheinen angesichts der breit kommunizierten sexuellen Verfehlungen von Pfarrern und auch unpassend angesichts der traditionell zwiespältigen, ja schlechten Stellung der Frau in der katholischen Kirche. Eva, Maria, Maria Magdalena! Eine Stellung, die eben auch wie das verkorkste Resultat der Angst vor Weiblichem und Sexuellem anmutet. Einer Sexualität, die in dieser Logik stets einer äußeren Kontrolle bedarf, so dass die religiösen Vorgaben für ein tugendhaftes Leben eben auch dieser Kontrolle dienen.

Wenn Sexualität das Animalische, Ekstatische verkörpert und das Religiöse auch das Resultat ihrer Sublimierung darstellt, kann eine moderne Gesellschaft, die sich dieser Spannung bewusst ist, nicht einfach den Weg zurück in den Affenkäfig antreten und sich einbilden, so die unauflösliche Widersprüchlichkeit und Schmerzhaftigkeit in der Beziehung des Menschen zur Sexualität aus der Welt zu schaffen. So einfach wird es nie werden. Auch die ständige Auseinandersetzung mit dem an die Jugend Verlorenen gehört dazu. Wenn Erotik gesucht und (bloß) Sexualität gefunden wird, sollte die Sexualität nicht zur Erotik hochstilisiert werden. „Das ist das Schöne am Alter: Der Sex geht, die Erotik bleibt", schreibt Charlotte Seeling, ehemalige Chefredakteurin von „Cosmopolitan", „Vogue" und „Marie Claire"-Deutschland in einem ausschließlich von ehemaligen Journalisten gestalteten Wochenmagazin zum Thema Alter. Sex ist nicht die ultimative Essenz einer Liebesbeziehung. Das wäre eine Fehldeutung, die dazu führte, dass Sexualität ins Reduktionistisch-Archaische abrutscht. So wenig sich die Erotik von der Sexualität ablösen lässt, so wenig geht sie in ihr auf.

Vielleicht neigen wir so stark zu Schwarz-Weiß-Darstellungen, zur Überhöhung oder Verteufelung der Sexualität, weil wir ihre unauflösliche und gefährliche Ambivalenz, ihre immer wieder erlebte, manchmal unerträgliche Nähe zu Gewalt, Geburt und Tod so schlecht ertragen. Und sie deshalb verdrängen. Erfüllende Sexualität aber, die so viele Menschen ein Leben lang suchen, bedingt die Akzeptanz dieser Ambivalenz. Das gelingende erotische Miteinander lebt geradezu davon, nur selten und im Verborgenen, also auch nicht unter den Augen der Öffentlichkeit, zu glücken, und das auch nur, wenn es sich zur spannungsgeladenen, vielleicht schwer auszuhaltenden, aber doch unverzichtbaren Verbindung mit der Scham bekennt.

Gleichwohl sind die freundschaftliche und die karitative Liebe im Zuge der Emanzipation im Halbdunkel lebenskundlicher Einlassungen über erfüllte Partnerschaft verschwunden. Die Kirche hat zu Recht bemerkt, dass die sexuelle Liebe, insofern sie unvermittelt, wie Max Weber gedacht hat, aus einer Vereinigung der Seelen und einer Einswerdung der Geister in das Reich des Animalischen und Ekstatischen hinübergleitet, sogar zur Gefahr für die freundschaftliche Nähe und Liebe wird. Die körperliche Nähe ist die gleichzeitig intensivste wie schwierigste Nähe. Ihre problematischen Aspekte sind, wie oben angedeutet, unauflöslich. Beschränken wir uns darauf, sie auflösen zu wollen, reduzieren wir Sexualität letztlich auf ihre mechanischen Aspekte. Dann gebärden wir uns vielleicht wie in einem Paviankäfig, ohne je von der erotischen Sprengkraft der Sexualität gekostet zu haben. Dann rammeln wir vielleicht viagra-gestärkt wie die Tiere, geben aber in Tat und Wahrheit eine der intensivsten menschlichen Begegnungsformen auf.

In dieser Hinsicht, eben zur Unterscheidung verschiedener Formen der Liebe, sind die Äußerungen des jetzigen Papstes Benedikt XVI. in seiner ersten Enzyklika „Deus Caritas est" (2005) überaus lesenswert und anregend. Die erotische, sich sexuell realisierende Begierde ist, auch wenn sie eine anthropologische Konstante darstellt, nun einmal nicht das Ganze der Liebe. Neben der Philia, der Freundesliebe, befasst sich die Enzyklika insbesondere mit der Caritas, die den ganzen zweiten Teil der Enzyklika füllt. Diese gehört zum dreifachen Auftrag der Kirche: der Verkündigung von Gottes Wort, der Feier der Sakramente und eben dem Dienst der Liebe. Ihre Wichtigkeit, wenn man alt ist, ist evident. Sind wir uns selbst gegenüber ehrlich, ist abzusehen (sofern uns nicht ein schneller Tod hinwegrafft), dass jede Liebesbeziehung in der Caritas, der Agape, wie sie in der Enzyklika genannt wird, endet. Entweder wird der Mann ein Pflegefall oder, seltener, die Frau.

Die Enzyklika befasst sich indes nur am Rande mit jener im Älterwerden immer wichtiger werdenden Form der Liebe, der Philia, die sich zwischen Eros und Agape schiebt. Jene Liebe, die, je älter man wird, aus dem Ineinander der Liebesformen umso stärker hervortritt. Könnte man nicht sagen, dass die Lebensalter unterschiedlicher Formen der Liebe bedürfen? Ist das anstößig? Oder nicht eventuell eher beruhigend? „Philia" ist das griechische Wort für Freundschaftsliebe und wird, so die Enzyklika, im Johannesevangelium aufgegriffen, um das Verhältnis zwischen Jesus und seinen Jüngern zu vertiefen. Weitere Erläuterungen folgen nicht. Vielleicht, weil sie so selbstverständlich ist. Eine Zuneigung zu Personen, die keineswegs von der erotischen Anziehungskraft abhängt und auch wenig Verwandtschaft mit der Agape, mit der selbstlosen Liebe, zeigt. Sie scheint uns aber von zentraler Bedeutung für die Liebe im Alter zu sein.

Wenn man älter wird, verwandelt sich vieles. Man kann und will nicht mehr dasselbe. Alle, die eine ehrliche Selbsteinschätzung vornehmen, eine Art Stärken-Schwächen-Analyse der eigenen Person, wissen, dass man mit 60 anderes kann und anderes will als mit 30. Oder mit 50. Und das nicht nur beim Wandern. Ein Weniger geht häufig mit einem Mehr an einem anderen Ort einher. So ist es auch mit der Paarbeziehung: Das sexuelle Verlangen geht typischerweise zurück, die Suche nach Erotik bleibt. Aber die Bedeutung der freundschaftlichen Liebe, auch als Teil oder manchmal gar als Voraussetzung für Erotik, wächst und gedeiht.

Man braucht etwas Mut, um das in der Öffentlichkeit so zu sagen oder gar, was die geschlechtliche Liebe betrifft, von einem geordneten Rückzug zu reden. Aber für viele Menschen, die unter dem Druck der sexualisierten Gesellschaft und der entsprechenden Viagra-Werbebotschaften stehen, bedeutet es eine Erleichterung. Schließlich bringt die ständige Konfrontation mit Sexuellem und eine veränderte, beide Geschlechter respektierende Gesellschaft auch bei Jungen ein neues Verhalten hervor. Das Zuviel wird allen zu viel, auch den Jungen. So pflegen Junge dann, wie Sexualpädagogen versichern, mehr denn je auch gemischtgeschlechtliche Freundschaften ohne sexuelle Komponente. „Wir sind einfach gute Freunde", heißt es dann.

Wer kennt nicht die seit dem Mittelalter bebilderten, unten mit der Kindheit beginnenden und wiederum unten mit dem Alter endenden Lebensläufe, in deren Mitte die über die anderen Lebensalter erhobene „Mitte des Lebens" thront? Die sichelförmige Krümmung würde man in einem modernen Diagramm wohl zu vermeiden suchen. Modernitätsgemäß wäre jeder Lebensabschnitt gleich nahe bei Gott. Potenziale und Kompetenzen würden nicht zu- oder (im Alter) abnehmen, sondern einander ablösen. Viktor E. Frankl, der Begründer der Logotherapie, redet vom Gesetz der entgegengesetzten Daseinskurven. Die Beziehungen zwischen Ehegatten oder Lebenspartnern durchlaufen unterschiedliche Formen.

Der modernen Gesellschaft sind Vorgaben zuwider. Sie macht aus ihnen Aufgaben. Sexualität und ihr langsames Abnehmen ist nicht schick und keine Vorgabe mehr, sondern eine Vorlage für die Pharmaindustrie und eine Aufgabe für die alternden Menschen geworden. Dahinter verbirgt sich nicht selten die dann allerdings fatale Vorstellung, der Mensch könne seine Entwicklung stoppen, seine Biografie medizinisch anhalten. Oder er könne einen bestimmten biografischen Punkt für alle Ewigkeit konservieren. Gleichzeitig werden neue Potenziale und neue Erscheinungen, und seien sie auch Alterserscheinungen, negiert und in ihren produktiven Facetten nicht gesehen. Die Sexualität soll nicht aufhören, aber sie kann sich noch mehr der Erotik öffnen und an Tiefe zulegen. Nicht umsonst behaupten viele, mit 50 besseren Sex zu haben als zwischen 20 und 30, auch wenn das sexuelle Verlangen abnimmt. Simone de Beauvoir hat einmal gesagt, das Beste am Altern sei die Befreiung vom sexuellen Begehren. Wenn es vorbei sei mit dem Trieb, sei auch Schluss mit dem quälenden Getriebensein. Die Energie könne auf anderes gerichtet werden. Es gibt also eine Freiheit, die sich aus dem Schwächerwerden der sexuellen Energie ergibt. Wird die Sexualität mit Medikamenten vorangetrieben, geht das nicht selten zu Lasten anderer.

Oder wird zur Selbsterniedrigung. Zur sexuellen Abhängigkeit. Wenn Scham das Gefühl ist, die selbst gesteckten Ziele nicht erreicht zu haben, so ist die Vorstellung, dass die Sexualität beliebig konserviert werden könne und müsse, eine unaufhörliche Quelle der Scham, des Ungenügens und des Versagens. Gerade wenn Nähe nur durch reduktionistische Sexualität hergestellt werden kann, Humor in diesem Bereich inexistent ist, und wenn diese Sexualität nie den Schritt in die nicht unproblematische, aber Kraft spendende Erotik schafft. Dass dann solches und anderes Ungenügen von den Betroffenen gerne in eine Krankheit verwandelt wird, ist verständlich. Und dass die Auszeichnung eines Nachlassens als Krankheit wiederum das Eingangstor für endlose medizinische Behandlungen darstellt, ebenso. Das wiederum versetzt die Erotik erst recht ins Koma.

■

Liebe ist wie ein Kristall, der je nach Lichteinfall in einer anderen Farbe schimmert. Sie besitzt eine Facette, in der Sexualität nicht die Essenz einer Liebesbeziehung ist, in der nicht die Sexualität allein den großen vielgestaltigen Raum der Liebe ausfüllen muss. Liebe ist auch und vor allem Hingabe in Freundschaft. Alte dürfen alles und können vieles. Sie können sich auch zum nachlassenden Interesse an der Sexualität bekennen. Schließlich macht Viagra noch keine Erotik. Denn diese kann bleiben, auch wenn die Sexualität vergeht.

4. Mehr Liebe für weniger Kinder

Unentwegt wird unserer Gesellschaft das Grab geschaufelt. Kinderlos, beziehungslos und herzlos werde in Zukunft gestorben, warnen uns nicht nur Bevölkerungswissenschaftler. Am Schluss würden wir durch Egoismus, Vereinzelung und Rücksichtslosigkeit so schwach geworden sein, dass wir nicht einmal mehr die Stimme heben mögen für eine passende Grabinschrift. So heiße es dann: Gestorben an Unterkühlung, uneinsichtig und dumm. Selbsternannte Propheten erheben den Zeigefinger und nehmen die sogenannte „Versingelung" der Gesellschaft zum Anlass, nicht nur den biologischen GAU, den kollektiven Selbstmord unserer Bevölkerung zu beklagen, sondern auch den sozialen Kältetod. Insbesondere Deutschland sei ein Eisschrank geworden. Denn unsere Beziehungen würden durch die statistische Verkleinerung der Familien ausgedünnt und minimiert. Ihre Gleichung: Weniger Kinder = weniger Liebe, weniger Empathie und Fürsorge. Unsere Gesellschaft sei nicht nur kinder-, sondern herzlos.

Gewiss nimmt in einer Welt mit kleineren Familien die mögliche Zahl von Geschwisterbezügen ab. Wer nur noch eine Schwester oder einen Bruder hat, hat mathematisch nur einen geschwisterlichen Blutsbezug, wie Frank Schirrmacher sagen würde, der eine entsprechend heftige Anklage gegen die kinderlose Gesellschaft erhoben hat. Aber nimmt damit auch die Empathie, die Zuneigung oder Liebe ab? Brauchen wir viele Geschwister, um viel Liebe produzieren zu können? Gilt es, kinderlose Paare, deren Anteil zunimmt, zu tadeln? Bestimmt nicht. Die Zuneigung steigt nicht parallel zur Anzahl der Geschwister. Mehr Geschwister bedeuten nicht automatisch mehr Herz unter den Geschwistern. Hand aufs Herz: Wird der soziale Kitt moderner Gesellschaften wirklich nur in Familien hergestellt?

Wir hören es nicht gerne, aber Familien sind auch Orte schrecklichster Schandtaten. Nirgends sonst ist die Gefahr für Kinder, Ungerechtigkeit, Verbrechen oder auch unauffälligere Formen von Vernachlässigung zu erfahren, so groß wie in ihren eigenen Familien. Oft hat das Verbrechen ein Gesicht, das man kennt. Da werden nicht nur Babys zu Tode geschüttelt, Mädchen und Jungen missbraucht, geschlagen oder langsam dem Hungertod überlassen. In dieser unbeobachteten Ecke unserer Gesellschaft können die Bedürfnisse der Schwächsten und Sensibelsten trefflich ignoriert, lächerlich gemacht oder mit Füßen getreten werden. Auch heute noch. Familien sind nicht automatisch das warme, liebevoll gepflegte Nest voller Empathie, Verständnis und Respekt. Auch wenn wir es uns in dieser Vorstellung so gerne bequem machen. Und das war früher nicht anders. Im Gegenteil. In der Geschichte der Kinder hört man ihre Schreie.

Bei weniger Kindern fällt dem einzelnen nicht nur mehr Liebe zu. Auch die Generationenbeziehungen, gerade die verwandtschaftlichen, werden automatisch gestärkt. Die wenigen Kinder kennen nicht selten noch alle Großeltern und mindestens einen Teil der Urgroßeltern. Sie wissen es nicht nur theoretisch, sondern erleben hautnah, dass das Leben einen Anfang, eine Mitte und ein Ende hat. Sie sitzen Urgroßmüttern auf dem Schoß, spüren in jungen Jahren das Alter und seine Vorzüge und Lasten. Für die Kinder ist der Fall der Geburtenrate deshalb ein doppelter Glücksfall. Denn nicht nur die Erbquote wird größer. Auch die Zuneigungsquote steigt. Die wenigen Kinder werden behütet und betüttelt. Wer ein Kind hat, kann es hüten wie einen Augapfel. Wer zwei Kinder hat, hat alle Hände voll zu tun. Wer sechs oder zehn Kinder hat, weiß nicht, wie sich wehren. Familien mit wenigen Kindern weisen tendenziell engere Generationenbeziehungen auf als Großfamilien. Das kommt auch den Eltern der „Bohnenstangenfamilie", wie diese Mehrgenerationen-Familie genannt wird, wieder zugute. Einzelkinder haben, auch wenn sie erwachsen sind, Kontakt mit ihren Eltern. Sind mehr Kinder da, verteilt sich der Kontakt auf mehr Schultern und wird eher zufällig. Weil die Geschwister sich, je mehr sie sind, umso weniger allein verantwortlich fühlen.

Das Dutzend ist zwar billiger. Aber heute, sagt man, viel aufwändiger als in der Nachkriegszeit. Während die Pflege eines Kleinkindes immer gleich viel Arbeit bedeutet, werden die Arbeiten später nicht weniger, sondern anders. All die TV-Supernannys und jene, die man täglich bei ihrem Schwatz im Bus trifft, erinnern uns daran, dass wir eigentlich ohne Unterlass unzählige pädagogische Fehler begehen. Es ist nie genug und immer auch noch falsch. Dabei geht etwas anderes meist verschütt: Gelingende Kindererziehung ist in ihren Grundsätzen zwar immer noch gleich, in ihrer Umsetzung wandelte sie sich aber fundamental – vom dosierten Zulassen und Erlauben zum aufwändigen Wegnehmen und Verbieten.

Die heute im Überfluss vorhandenen Verführungen haben die Erziehung umgestülpt wie einen Handschuh. Sie wurde vom knapp bemessenen und wenig überwachten, aber für Erwachsene wie Kinder zumindest Eindeutigkeit vermittelnden und damit gelingenden Geben zum oft umständlich ausgehandelten, variablen und damit verunsichernden, negativ besetzten Wegnehmen und Fernhalten. Und weil rigorose Verbote genauso falsch sind wie unkontrollierte Verfügbarkeit, die nur die Kehrseite, aber nicht etwas anderes oder Neues darstellt, sind heute alle Erziehenden in eine ständige Auseinandersetzung mit diesem Wandel gezwungen. Vom eindeutig erkennbaren, wenn auch schwarz-weißen Positivbild zum Negativabzug – oder vielmehr zur „richtigen" Mitte, zum variablen Hologramm. Das fordert viele und überfordert manche.

Da klagt ein geschiedener Vater von drei Schulkindern, dass er neben der vielen Arbeit als Geschäftsführer einer Firma Wochenende für Wochenende bei seinen Kindern auf dem Fußballplatz stehen müsse. Andernfalls werde er als schlechter Vater gebrandmarkt. Was wiederum das wacklige Verhältnis zur Exfrau zusätzlich belaste und den Kontakt zu seinen Kindern gefährde. Oder die Sache mit den Hausaufgaben. Sei er selbst noch komplett ohne elterliche Hausaufgabenhilfe ausgekommen, habe er geradezu panische Angst, seine Kinder beruflich ins Abseits zu drängen, wenn er hier nicht ausgiebig Unterstützung biete.

All die scheinbaren Schwächen und Defizite der jungen Menschen, die unter größtem Aufwand ausgebügelt und zur Perfektion gebracht werden sollen, nehmen vielen den Atem. Dass Menschen, also auch Kinder, verschieden sind, wird in Sonntagsreden zwar gerne betont, in der praktischen Arbeit aber oft vergessen. Auch wenn Fachleute immer wieder betonen, dass es in allen Bereichen der Kinder eine unglaubliche Variabilität gebe, die durch nichts beeinflusst werden könne, bleiben viele seltsam unberührt davon oder verstehen diese Variabilität fälschlicherweise als Freibrief für eine vernachlässigende, die Bedürfnisse der Kleinsten ignorierende Erziehung. Wenn Kinder Gäste der Eltern sind, die nach dem Weg fragen, verstehen viele deren Begleitung als fragwürdige Kunst, sie dabei kräftig durchzukneten.

Die Gesellschaft spricht von fast nichts anderem mehr als von Verschiedenartigkeit, Vielfalt und, und, und..., aber seltsamerweise sinkt mit der steigenden Angebotsvielfalt im erzieherischen Bereich und der Zunahme wissenschaftlicher Erkenntnisse die Bereitschaft, scheinbar normabweichende Kinder als „normal" zu akzeptieren. So gerne hätte man Kreative, die brav wie Sonntagsschüler sind. Oder Querdenker, die simpel wie eine Einbahnstraße funktionieren. Superstar-Anwärterinnen, die bescheiden wie Mutter Teresa auftreten; virtuose Computerfreaks, die ohne TV und Computerspiele auskommen. Oder großartige Musiker, die wie Spieldosenfiguren aufgezogen werden können.

Offensichtlich wird solcherart „gelenkte" Individualität vor allem in der Schule zum Problem. Es gibt Fachleute, die behaupten, dass in Zürich über die Hälfte der Kinder in eine Therapie geschickt werden, obwohl sie gesund sind. Es fehlt ihnen nichts, nur die Erwachsenen wollen sie anders haben. Vielleicht müssen diese Hochleistungskinder beim Sport ihre „Augen-Hand-Koordination“ verbessern, mit Reitstunden der Motorik auf die Sprünge helfen, mit Musikstunden ihre Intelligenz fördern und in therapeutisch begleiteten Spielstunden ihre intellektuelle Theorielastigkeit in pragmatischere Handlungskompetenzen umwandeln. Wie sollten Großfamilien mit sechs, sieben oder mehr Kindern heute das alles bewältigen – zeitlich und finanziell? Noch gar nicht erwähnt sind die Schulfeste und Vereinsaktivitäten, die Arzttermine und Familientreffen. Ganz zu schweigen von den Kindergeburtstagen, die manchmal zu dreitägigen Eltern-Kinder-Spieltagen ausarten.

Wer weniger Kinder hat, vererbt ihnen also nicht nur mehr Geld, sondern schenkt ihnen auch mehr Aufmerksamkeit. In der Ausstellung „Jahrhundertmensch“, die kürzlich zu sehen war, äußert ein Hundertjähriger: „Die Sorgen über meine Kinder haben erst aufgehört, als sie auch im Altersheim waren.“ Viele werden schon unruhig, wenn sie von ihren erwachsenen Kindern einen Tag lang nichts hören. Und nicht wenige der besorgten Eltern lassen so viel von sich hören, dass es den Kindern zu viel ist.

Die enge, häufig geradezu klettenhafte Bindung, mit der heute Generationen aneinander hängen und von der Alte wie Junge profitieren, ist ein Resultat der sogenannten „Bohnenstangenfamilie“. Die moderne Familie wächst mehr in die Länge und weniger in die Breite. Die Familien haben im Durchschnitt weniger Kinder und gleichzeitig leben durch die Erhöhung der Lebenserwartung mehr Generationen zusammen. Wir wollen an dieser Stelle keine Ursachenforschung betreiben, aber auch die späte Familiengründung trägt dazu bei. Dass die Folgen dieser größeren intergenerationellen Zuneigungsquote kritisch und genau begleitet werden müssen, wird beim Blick in den Fernen Osten klar. In China wird verwöhnten, meist männlichen Einzelkindern in staatlichen Nacherziehungsprogrammen Härte, Fleiß, Durchhaltewillen beigebracht. Von den Großeltern jahrelang verwöhnt, während die Eltern arbeiteten, sollen diese wenigen Kinder Gemeinschaftssinn und Kompromissbereitschaft lernen.

Selbstverständlich profitieren diese zahlenmäßig kleineren Kindergenerationen nicht nur von mehr Zuneigung und Aufmerksamkeit, sie laufen auch Gefahr, als Projektionsfläche unter den Wünschen und Erwartungen ihrer liebeswütigen Eltern und Großeltern, die ein langes Leben lang viel Liebe auf wenig Kinder verteilen müssen, zu zerbrechen. So beinhaltet ihre neue Freiheit auch eine große Aufgabe: In einem viel größeren Ausmaß als frühere Generationen müssen und dürfen sie frei gewählte Beziehungen aufbauen und pflegen. Ihr Vorankommen durch Widerspruch, ihr Wachsen durch Reibung müssen sie anders als die Generationen vor ihnen in diesen frei gewählten Beziehungen suchen und aushalten. Die Vier-Generationen-Familien, ob nun bluts- oder wahlverwandtschaftlich verbunden, können dabei helfen. Sie können durch den langen Zeitraum, den ihre Mitglieder gemeinsam überblicken, den wenigen Kindern spür- und erfahrbar machen, dass das Leben eines Menschen mehr als nur eine Metamorphose durchläuft.

Vier Generationen an einem Tisch sind keine Seltenheit mehr. Peters Enkel haben noch zwei Urgroßmütter, die sich ihrer erinnern und sich nach ihnen erkundigen. Urgroßeltern und Urenkelkinder sind heute die Eckpunkte der Bohnenstangenfamilie. Früher waren es Großeltern und Enkel. Die Folgen sind durchaus positiver Art. Verlängerte Lebenserwartung einerseits und weniger Kinder andererseits führen zu einer längeren und intensiveren gemeinsamen Lebenszeit. Die generativen Beziehungen werden gestärkt, und dies nicht zwischen zwei, sondern vier Generationen. So besuchen die Urenkel die Uroma und die Uroma vermacht den Urenkeln testamentarisch einen mehr oder weniger großen Haufen Geld. Diese Mehrgenerationennetzwerke werden zu wenig in ihren Vorzügen gewürdigt.

Gewiss, gerade hat die deutsche Familienministerin Ursula von der Leyen erneut konstatiert, wegen fehlender Geschwister sei der horizontale Generationenzusammenhang vermehrt auf nicht-verwandtschaftliche Bezüge angewiesen. Wegen der Kinderarmut müsse man einen Generationenzusammenhalt entwickeln, auch ohne dass man miteinander verwandt sei, betont die Ministerin immer wieder. Das Miteinander der Vier-Generationen-Familie und der nicht-verwandtschaftliche Generationenzusammenhalt schließen einander auch gar nicht aus. Beides ist möglich. Und beides wird bereits gelebt.

Zwar hat die moderne Gesellschaft, nicht nur, was die Familie betrifft, in einem für manche beängstigenden Ausmaß an Gewissheiten, Vorgaben und Traditionen eingebüßt. Gleichzeitig aber haben – ein zweites Merkmal einer modernen Gesellschaft – die Wahlmöglichkeiten ungemein zugenommen. Nicht nur, was die Auswahl an Konfitüren oder die Kandidaten bei Wahlen betrifft. Bis in die innersten, privatesten Bereiche hinein, bis hin zum Kinderkriegen, der Namensgebung oder der Eheschließung offeriert die Gesellschaft teils akzeptable, teils bizarre Wahlmöglichkeiten. Alles wird, statt imperative Vorgabe, zur Aufgabe. Auch das Zusammenleben.

Die daraus entstehenden und sich entwickelnden Verbindlichkeiten und Verantwortungen müssen heute neu und anders definiert werden. Sie dürfen nicht dem Zufall, momentanen Befindlichkeiten oder Augenblicks-Gelüsten geopfert werden. Und diese Aufgabe ist nicht einfach eine Last oder eine Überforderung. Waren wir in früheren Jahrzehnten bereits herausgetreten aus den beengenden Sippschaften, machen wir nun den nächsten Schritt in neue, wahlverwandtschaftliche Verbindlichkeiten. Man kann sein Leben weiterhin im mehr oder weniger engen Kreis der Verwandtschaft verbringen. Aber man muss nicht mehr. Man kann und darf in frei gewählten Beziehungen enge Bande knüpfen. Man muss sich nicht mehr mit den mehr oder weniger angenehmen Zusammenkünften der Verwandtschaft begnügen.

Die in den letzten Jahrhunderten eroberte Freiheit fordert Wahl, und Wahl erfordert Auswahl. Instruktiv für die zunehmenden Wahlmöglichkeiten und die der Familie daraus erwachsenden Fragen ist die den generativen Zusammenhang festigende Namengebung. Sie zeigt, wie wichtig das Kind heute den Eltern ist. Während sich die Vornamengebung gänzlich vom generativ Tradierten abgekoppelt hat, beginnt das Gerangel um die Nachnamengebung gerade erst richtig. Beides ist nicht mehr vor- sondern aufgegeben. Kürzlich wurde in einer Schweizer Zeitung darüber gestritten, ob man sein Kind mit Vornamen „Birewegge“ taufen dürfe. Bekannte Fälle, die von der Behörde, die eine Art Zertifizierung der Namen vornimmt, abgelehnt wurden, sind „Pfüdi“, „Tarzan“ und „Skywalker“. In Deutschland waren es beispielsweise die Namen „Jesus“ oder „Judas“, „Pumuckl“ und „Verleihnix“, „Bierstübl“ oder schlicht „Apfel“! Natürlich wurde „Birewegge“ nicht akzeptiert. Denn im Vordergrund der Vornamengebung steht für die Ämter das Kindswohl. Es ist nicht anzunehmen, dass ein Junge mit dem Vornamen „Birewegge“ ohne reichlich Spott durchs Leben käme.

Zuneigung und Liebe sind so wenig wie die Vornamengebung noch etwas Vorgegebenes, ganz zu schweigen vom Kinderzeugen und -bekommen. Über die durch die Reproduktionstechnologie eröffneten Möglichkeiten ließe sich ein eigenes Buch schreiben. Die Blutsverwandtschaft ist so brüchig und prekär geworden wie andere Vorgaben auch. Niemand hat behauptet, dass die Befreiung aus dem Korsett der blutsverwandtschaftlichen Sippschaften die Beziehungspflege weniger aufwändig macht. Alle Beziehungen müssen gepflegt werden. Immer. Der Generationenzusammenhalt muss entwickelt werden, ohne dass man miteinander verwandt ist. Während die Kontaktpflege zur Blutsverwandtschaft häufig auch aus Pflichtbewusstsein geschieht, kann und darf der Zusammenhalt frei gewählter Beziehungen auch frei gepflegt werden.

So ruft die kinderlose, alleinstehende Freundin die Mutter von drei Kindern häufiger an als umgekehrt. Denn während die Mutter geradezu dankbar ist, wenn sie mal ein oder zwei Stunden alleine ist und niemand etwas von ihr will, sucht die kinderlose Frau häufiger, aktiver und bewusster Kontakt. Das hat zur Konsequenz, dass Kinderlose nicht selten festere Bindungen herstellen als Väter und Mütter. Dasselbe gilt für den Zusammenhang der Gesellschaft überhaupt. Diejenigen, die keine Kinder haben, haben generative Zusammenhänge zu erschließen: Gemeinschaften mit Freunden und Bekannten, die im Endeffekt genauso tragfähig sein können wie die zwischen Blutsverwandten. Diese Forderung ist keineswegs exotisch oder abwegig; schließlich wird die Eheschließung oder das Eingehen einer Lebenspartnerschaft weder durch Autoritäten bestimmt noch durch Verwandtschaften vorgegeben. Im Gegenteil: Hier gilt die Exklusionsregel, es darf nicht innerhalb der Familie geheiratet werden. Die Lebenspartner sind außerhalb der Blutsverwandten zu suchen.

Freundschaften und Gemeinschaften müssen andauernd definiert, erzeugt und gepflegt werden. Wir sind nicht mehr Ritualisten, sondern Konstrukteure unserer Welt und unserer Beziehungen geworden. Moderne Gesellschaften müssen ihren Egoismus auf diese Weise korrigieren. Beziehungen erzeugen und pflegen. Das sind die großen Herausforderungen einer modernen Gesellschaft, in der die Selbstverantwortung zum höchsten Wert aufgerückt ist. Liebe ist davon nicht ausgenommnen. Die Krise der Beziehungen und die Versingelung der Gesellschaft ist eine Krise ihrer gewachsenen Gemeinschaften – der Kleinfamilie, der Blutsbande, der auf

Territorien beruhenden Zusammengehörigkeitsgefühle. Das bedeutet aber nicht, dass wir zurück zur Großfamilie müssen, zu einer Gesellschaft, die ihr Fundament wieder auf Blut und Boden stellt. Aber wir sind gefordert, aufzuhören, nur in Verwandtschaftskategorien zu denken.

Der fortschreitende Zerfall der Familie, den unsere Eltern so gerne beklagen, wird diagnostiziert aus der Tatsache, dass die freundschaftlichen Beziehungen den Kindern (und auch uns schon) wichtiger geworden sind als die verwandtschaftlichen. Kamen früher neun von zehn Einladungen von Verwandten, so geht ihre Mehrzahl heute von Freunden, Bekannten, nicht selten sogar fast Unbekannten aus. Bekamen Kinder früher im Elternhaus eigentlich nur Onkel, Tanten und Großeltern zu Gesicht, so ist das inzwischen eine ganz seltene Rarität, z. B. bei Peters Kindern, die in Heidelberg und in Wien leben.

Dieses Öffnen des Fächers ist nur konsequent: Es geschieht zum Schutz von uns allen. In einer selbstverständlichen Weise werden die nachlassenden und schwächer werdenden verwandtschaftlichen Beziehungen auch durch nichtverwandtschaftliche ersetzt. Ein Leben lang ist man auf der Suche nach jenen Menschen, mit denen man nicht unbedingt eine Bluts-, aber eine innere Verwandtschaft teilt. Wenn wir nun lernen, in diesen Beziehungen nicht bei kleinsten Dissonanzen aufzugeben, Freundschaften nicht nur dem Nützlichkeitsdogma zu unterwerfen, verhindert die Versingelung und Vereinsamung. Erst das Bekenntnis zur inneren Verbundenheit auch wegen und dank gemeinsam gelebter und erlebter Unvollkommenheit verhindert Engherzigkeit und sozialen Kältetod. Dann wird Blutsverwandtschaft zur Nebensache.

■

Eine Gesellschaft mit weniger Kindern führt nicht in die soziale Eiszeit. Weniger Kinder bedeuten nicht weniger, sondern mehr Liebe. Weniger Kinder erhöhen nicht nur die Erb-, sondern auch die Zuneigungsquote – und das immer häufiger über vier Generationen hinweg. Auf Blut und Boden beruhende Gemeinschaften sind nicht mehr das einzige Fundament für die Gesellschaft von morgen. Schließlich sind viele ein Leben lang auf der Suche nach jenen Menschen, mit denen man nicht unbedingt das Blut, aber eine innere Verbundenheit teilt.

5. Oma trägt Prada oder auch gar nichts

Nach der Pensionierung wird das Privatleben meist erst so richtig wichtig. Die Erwerbsarbeit hat ein erfülltes Privatleben häufig gar nicht ermöglicht. Ihr Ende schafft nun neue Optionen. Bislang waren Freundeskreise eher beruflich bedingt und Anzüge kaufte man für die Karriere. Nun hat man plötzlich Augen für vieles, was man bisher gar nicht gesehen und bedacht hat. Nicht nur wird – allen Untersuchungen zufolge – die Familie wichtiger, und zwar ungeachtet dessen, ob man Kinder hat oder nicht. Man freut sich auf Klassentreffen und auf Geburtstage, auf Hochzeiten und findet auch Zeit, an Begräbnissen von weit entfernten Verwandten teilzunehmen – alles Dinge, die in der Mitte des Lebens eher gestresst haben.

Dementsprechend richten sich die Unternehmen auf neue, kaufkräftige Kunden ein. Nicht ohne Grund werden sie „Goldboomers" genannt. Was man auch mit „Goldesel" übersetzen könnte. Zwar werden die Senioren noch fast nirgends von Senioren bedient, aber ihre Altersgruppe wird eifrig bewirtschaftet. Sie sollen den Konsum antreiben, sie sind die „ewige Zielgruppe" (Martin Schacht); sie sollen, wie sich ein Kollege von der Universität St. Gallen (Oliver Gassmann) ausdrückt, „gezielt mit altersgerechten Produkten bearbeitet werden". Das Marktprinzip der „ausbeutbaren Ressource" ist zwar nicht neu, aber heute wird kein Geheimnis mehr daraus gemacht. Und seit die Alten Geld haben, trifft es auch sie. Sie sind endgültig ins Visier der Marketingstrategen geraten.

„Profitieren Sie vom Nettovermögen der Generation im vierten Lebensalter. Hier können Sie Ihren Umsatz noch enorm steigern“ – das verheißt eine kürzlich ins Haus geflatterte Einladung von „Euroforum Deutschland“ zu einer Tagung mit dem Titel „Zukunftsmarkt 70+“. „Vom grauen Panther zum goldenen Kalb“ lautet eine weitere Schlagzeile – wie es scheint, kann man die Senioren ausnehmen wie die Weihnachtsgänse. Geben wir zu, ab dem 70. Lebensjahr braucht nicht nur die Brille gelegentlich Anpassungen. Auch die Sofas und Autos sind für diese Generation nicht selten zu niedrig. Für Leute, die schwer aufstehen können, schnappen die riesigen Sofalandschaften wie fleischfressende Riesenpflanzen zu. Nur noch mit Hilfe ihrer Kinder oder Enkel können sich manche Großeltern, die ihren Familien einen Besuch abstatten, daraus befreien. Wir wollen schweigen von Badewannen, Handys, Rucksäcken, Schuhen mit komplizierter Schnürung. Und erst die tiefergelegten Sportwagen! Also: Es gibt viel zu tun. Aber es passiert zu wenig. Zwar lassen sich inzwischen Omas auf Surfbrettern, Opas in knappen Shorts zu Reklamezwecken ablichten. Dabei geht es oft nicht um Produkte für die Alten, sondern um solche für die Jugend, die Alten schmackhaft gemacht werden sollen. Es geht um Prada für 50+, um Ferien auf Ibiza. Um „Trimm-dich-auf-jung“-Produkte.

Eigens kreierte Postillen für (kaufkräftige) Frauen über 40 behaupten sich erfolgreich auf dem Markt. Sie rücken diese Produkte ins rechte Licht und umrahmen sie mit passenden Texten. Da sieht man selbstbewusst alternde Frauen mit dem Mut zur Veränderung. Frauen, die begriffen haben, dass es in ihrem Leben auch um sie geht. Frauen, die „alles haben“. Vielleicht ein Leben zwischen Altenpflege und Nachwuchsbetreuung, zwischen Fettabsaugen und Botox, zwischen schicken Restaurantbesuchen und dem nächsten Termin mit dem Finanzberater. Das ist ihr erfülltes Leben – „voll schön".

Die Schweizer Zeitschrift „Annabelle" hat Frauen mit 60, 70 und 80+ nackt abgebildet. Diese Frauen behaupten, dass „Schönheit einfach weitergeht". Wir fragen: auch mit Runzeln, Altersflecken und Krampfadern? Sie würden sich durch ihre Präsentation als Nackedeis nur von den Erwartungen der Gesellschaft ans ewig Jugendliche befreien, erklären die betreffenden Damen. Zahlreiche Bücher, die trotzig die Schönheit der Falten besingen, die innere Schönheit preisen und denen Schlupflider womöglich als Beweis für ein bewegtes Leben bereits genügen, sollen uns auch davon überzeugen. Warum aber soll Schönheit – zumindest als ranke Jugendschönheit – einfach weitergehen?

Gerade Alte, die sich krampfhaft mit den Attributen der Jugend schmücken, mit Hüfthosen, Spaghettiträgern, Rüschen oder gar Bauchfreihemdchen und putzigen Accessoires daherkommen, verstärken den Jugendwahn, den sie immer beklagen. Ein Jugendwahn, der leicht in einen bizarren Altenwahn umschlagen kann. „Altes Fleisch", wie Sibylle Berg in der „Zeit online" bemerkt: „Damen um die 70 mit tätowierten Ketten um den Arm und Löchern diverser Piercings. Die Männer im Rollstuhl dann, immer noch die Freitag-Tasche aus recycelten LKW-Planen auf den Knien und Trainingsjäckchen." Und wer im Freibad die Blicke schweifen lässt, sieht sofort, dass sich nicht nur Alte nicht knapp bekleidet präsentieren sollten.

Außerdem: Schönheit ist nicht einfach ein Privileg der Jugend, sondern ein Privileg der schönen Jugend. Nicht alle Jugend ist schön. Und nicht alle Alten sind hässlich. Auch Nacktheit ist nicht einfach schön. Zudem ist sie komplett ausgereizt. „Der viel schärfere Rohstoff heute heißt Freundlichkeit“, so Matthias Matussek in seinem Kulturblog bei „Spiegel Online“.

Die Nacktheit als Befreiungsschlag zu preisen beschämt überdies alle, die Hemmungen und Scham nicht kurzerhand zum Problem erklären lassen möchten. Scham hat ihre guten Seiten. Denn ohne sie gibt es keine Selbsterkenntnis. Ohne Scham kein Bewusstsein, keine Moral, kein „wie es sich gehört“. Philosophen wissen: Scham ist eine Form der Annäherung an die Wahrheit. Dieses (Selbst-)Bewusstsein steigert sich zwar bisweilen ins Unerträgliche. Dann wird die Scham von der Hüterin der Selbstgrenze zum Kerker des Selbst. Dann möchte man den Apfel vom Baum der Erkenntnis nicht verdauen, sondern ausspucken.

Aber genau dann, wenn es am schwierigsten wird, etwa wenn Alte sich von der Jugend und ihrem forschen Blick nach vorn, von ihrem Potenzial, von ihrer Frische und Naivität beschämt fühlen, vielleicht auch Neid empfinden und es der Jugend gleichtun möchten, dann dürfen sie diese mitunter bittere Pille der Erkenntnis, dass Endlichkeit und nicht Endlosigkeit unser Leben bestimmt, nicht ausspucken, sondern müssen sie schlucken.

Ansonsten kann Altern auch etwas Obszönes haben. Dann schämt man sich für jene Alten, die sich wie Pubertierende aufführen. Wie soll man sich respektvoll vor einem Alter verneigen, das alles einfordert, was ihm in der Jugend verwehrt war (das Cabriolet, Mallorca, erotische Abenteuer); vor einem Alter, das zu Tausenden zum „Rolling Stones"-Konzert strömt? Wobei die Männer, was ihr Äußeres betrifft, manchmal durchaus etwas Nachhilfe bräuchten. Von den wild wuchernden Augenbrauen bis zur stufenweisen „Verbeigeung" ihrer Kleider, wie Eckart Hammer es hübsch nennt.

Die Diskrepanz zwischen dem gefühlten und dem kalendarischen Alter will natürlich überwunden werden; nicht nur das Kinderkleidchen dient dazu, sondern das Kindertraumauto, der Traumurlaub. Der Körper muss infantilisiert werden, zunächst durch Lifestyle und Potenzsteigerungsmittel, dann durch Schönheitsoperationen. Die Prominenz von heute zeigt sich in den Postillen und Lifestyle-Sendungen glattgestrichen, abgesaugt und an den vermeintlich richtigen Stellen aufgeblasen. Die Zeiten, zu denen ein Mann mit Bauch noch als gutsituiert galt, weil er sich ja ganz offensichtlich genug (Essen) leisten konnte, sind komplett vorbei. Dicke sind arm, Schlanke und Schlankgefastete oder Abgesaugte reich an Sozialprestige.

Heute gibt sich der Etablierte nicht durch einen dicken Bauch, sondern durch eine spezielle Form von Askese zu erkennen. Er zeigt, dass er sich viel leisten könnte, es aber nicht (immer) tut. Eine hedonistische Askese wird zum Mittel, sich über andere zu erheben. Auch bei Frauen. Da feiert eine 50-jährige St. Gallerin nicht im Kreise von Familie und Freunden bei einem üppigen Mahl Geburtstag, sondern schenkt sich eine Reise in einen Ashram nach Indien. Zur Askese – und zur inneren Verjüngung. Der Markt an Wellnessreisen für die innere Schönheit, an Operationen für die äußere Schönheit ist riesig: Im Jahr 2005 sollen in der Bundesrepublik mehr als 400 000 operative Eingriffe durchgeführt worden sein. Nachdem die Brustoperationsoptionen ausgeschöpft sind, sind jetzt weitere Problemzonen an der Reihe. Der erbitterte Kampf gegen den Zerfall schreitet im Gleichschritt mit dem Zerfall voran.

Besonders anschaulich tritt die Diskrepanz zwischen kalendarischem und gefühltem Alter zutage, wenn sich alte Männer mit jungen Frauen schmücken. Wie soll man ein Alter achten, das – wie es Malte Dobbertin einmal ausgedrückt hat – vor der Jugend Männchen macht? Ein diffiziles Thema. Und ein altes. Schon König David soll sich junge Frauen ins Bett gelegt haben, um seine Angst vor Alter, Vergänglichkeit und Tod zu zähmen. Etablierte alternde Männer manövrierten sich schon immer gerne in gefährliche Liebschaften und setzten dabei auf die erotisierende Wirkung von Geld, Status und Macht. Und Frauen ließen sich schon immer gerne davon betören.

Die Literatur ist voll von instruktiven Beispielen. Die Behauptung, dass es sich dabei ausschließlich um Lustgreise und „statusgeile“ junge Dinger mit verwerflichen Motiven handeln muss, ist jedoch voreilig. Und überheblich. Wer kennt schon die wahren Motive bei der Partnerwahl? Deren wahre Motive und wirkungsmächtigen Systeme bleiben für viele ein Leben lang im Verborgenen. Junge Frauen suchen womöglich im Partner ihren vermissten Vater, achten auf Sicherheit und Stabilität. Aber auch zahlreiche junge Männer suchen in Frauen keine ebenbürtige Partnerin, sondern eine nachsichtige Mutter. Und auch sie treten mit dem Versprechen auf materiellen und gesellschaftlichen Erfolg an die Frauen heran.

Es gibt nur eine Liebe, aber tausend verschiedene Nachahmungen, hat der französische Moralist La Rochefoucauld gesagt. Nur, welche ist die wahre Liebe und welche die Nachahmung? Und kann nicht auch die Nachahmung glücklich machen? Warum soll sich hinter der vermeintlichen Nachahmung nicht Liebe verbergen können? Loki und Helmut Schmidt, die eine spannungsgeladene und zumindest phasenweise konfliktuöse, mittlerweile 60 Jahre andauernde Paarbeziehung leben, erklärten in einem berührenden TV-Porträt, dass sie sich die Frage der Liebe, als sie sich 1945 nach dem Krieg wieder zufällig über den Weg gelaufen sind, gar nicht mehr gestellt hätten. Worum handelt es sich hier nun? Um Liebe oder Nachahmung? Eigentlich egal, diese zwei haben ganz offensichtlich durch- und ausgehalten und heute gilt, welch Ironie, ihre Ehe als vorbildhaft.

Vielleicht sind Helmut und Loki auch nur noch Vertreter einer Zeit, die ohnehin an ihr Ende gelangt. Man kann vermuten, dass angesichts der derzeitigen demografischen Entwicklung, bei mehr Alten und weniger Jungen, die Konstellation „alter Mann mit junger Frau“ noch zunehmen wird. Ob auch ältere Frauen sich häufiger mit jüngeren Männern zusammentun? So wie im Film „Harold und Maude“ der 18- und die 80-Jährige? Wir wissen es nicht, dürfen es aber bezweifeln. Sicher ist nur, dass alle älter werden und irgendwann auch in solchen Konstellationen beide alt sind.

Vielleicht führt eine solche selbstkritische Sicht auch wieder weg von den Alten als schlechter Kopie der Jugend, und Alte finden zu ihren echten Stärken, zu einer Freiheit, die diese Bezeichnung auch verdient. Dann kann man sich eingestehen, dass die Behauptung, Falten seien einfach schön, lediglich vergessen machen soll, wem das Privileg der klassischen Schönheit tatsächlich gehört: der Jugend. Nichts gegen virile, elegante Alte und lebenslustige Seniorinnen, aber dieses ständige Geschwätz um innere Schönheit und erotische Faltenwürfe wird von einer Generation am Laufen gehalten, die einst lauthals das Ende der Anciennität forderte, die den Alten ihre Privilegien nehmen wollte, ihren tausendjährigen Muff unter den Talaren. Jetzt ist sie selbst alt und versucht, der Jugend ihre Privilegien zu stehlen – ihre Frische, ihre wunderbare Naivität und eben ihre Schönheit.

Mitleidheischend, „verbärmelig", wie die Appenzeller sagen, sitzen nun die nackten Alten auf den Fotos in den Magazinen auf Lederhockern oder ganz auf dem Boden und warten auf neue Kleider. Aber niemand bringt ihnen welche. Jedenfalls nicht solche, die passen – es sei denn, man hat eine extrem jugendlich-abgespeckte Linie. Aber in der Regel ist alles, was die großen Labels in ihren luxuriösen Shops anbieten, zu eng, zu kurz, zu exaltiert. Man bringt einer 50-Jährigen eine hautenge Stretch-Röhrenjeans in die Umkleide, die nicht durch optische Kriterien überzeugt, sondern durch ihren Preis. Sie bringt lediglich die finanziell etablierte Stellung der Frau vorteilhaft zur Geltung. Das Ganze könnte einem egal sein, wenn viele Frauen und Männer in die jugendliche Mode nicht auch noch einen „Befreiungsschlag" hineininterpretieren würden.

Sie bezeichnen es als Freiheit, wenn 50- und 60-Jährige wählen können, ob sie noch Paris Hilton oder doch lieber Hillary Clinton sein wollen.

Es ist schon merkwürdig: Die Jungen würden gerne Prada tragen, aber sie können es sich in aller Regel nicht leisten, die Alten können Prada bezahlen, aber die Blusen und Hosen passen schlecht. Wieder stellt sich die Frage, wer eigentlich für wen Kleider macht. Gerade die ältere Generation wird mit größter Zuvorkommenheit bedient, aber die Probleme beginnen bei der ersten Anprobe, wenn der Reißverschluss zwickt. Ganz ernsthaft: Warum macht eigentlich Karl Lagerfeld, dieser so jugendlich wirkende Greis, Mode für die Jungen und nicht für seinesgleichen? Gerne erinnert man sich an Werner Baldessarini, der als Kreativchef von Boss eine eigene Kollektion geschaffen hat, die, von immer gleichen, nämlich weißhaarigen Models getragen, reißenden Absatz fand. Und gerne erinnert man sich auch des großen Erfolgs, den das „Cornelia"-Versandhaus (Beyeler) mit der 55-jährigen Paola als Topmodel zu verzeichnen hatte und weiterhin verzeichnet.

Ein der „Neuen Zürcher Zeitung" und der „NZZ am Sonntag" periodisch beiliegendes Magazin („Z – Die schönen Seiten", März 2007), hat folgendes Editorial: „Das Heft widmet sich dem Schwerpunktthema Frühlingsmode. Im Zentrum stehen dabei für einmal nicht professionelle Models, welche die neuen Kreationen zur Geltung bringen, sondern Menschen, die mitten im Leben stehen, die alle älter als fünfzig Jahre sind und damit nach klassischem Verständnis aus dem Fokus der Modebranche fallen." Die freundlichen älteren

Damen und Herren, die Mode von Burberry bis Zegna vorführen, fallen allerdings selbst auch aus dem Fokus der typischen Senioren und Seniorinnen. Sind sie alle äußerst schlanke und ranke, gelegentlich das Clowneske streifende Erscheinungen. Lachende Altersbabys und jugendliche Greise, die man weder auf der Straße noch in den schicken Modeläden in größerer Anzahl sieht.

Der Besuch der teuren Läden bringt Sonderbares zutage. Zwar haben die Modeproduzenten die Zielgruppe der Alten entdeckt – die Mode aber, die sie für sie machen, ist für Junge. Und die Models, die diese präsentieren, haben die Körper von 20-Jährigen. Ganz zu schweigen von den Verkäuferinnen und Verkäufern in den schicken Einkaufsmeilen von Zürich, Mailand, Wien oder St. Gallen. Zwar haben wir auch noch keine Bedienung im Rollstuhl gesehen, die Rollstühle verkauft. Aber gut wäre das schon. Auch wenn man in Modegeschäften von Gleichaltrigen bedient werden würde und nicht nur von Twiggy-Twenties oder durchtrainierten Schönheitskönigen.

Aber vielleicht kommt alles ganz anders, als es sich die Marktstrategen vorstellen. Die Transformation der Babyboomer in „Goldboomer" klappt vielleicht nicht so reibungslos, wie viele das gerne hätten. Es könnte nämlich auch sein, dass die Babyboomer den geordneten Rückzug antreten. Dass sie mit Wechseljahren, bröckelnden Gebissen und Potenzschwierigkeiten bestens fertig werden, keine Jugendkleidchen mit Schleifen mehr anziehen und resolut den Seniorenteller bestellen. Es könnte sein, dass der wahre Trend der Zukunft eine neue Selbstverständlichkeit in Bezug auf Alter und Altern ist.

Eine Lebenshaltung, die die goldene Zeit der Pensionierung keineswegs mit Miss-Senioren-Wahlen auf Mallorca, in Ayurveda-Farmen in Sri Lanka oder im Kieser-Training verbringen will. „Better Aging“ würde dann nicht heißen, nicht zu altern, sondern gut zu altern, in Würde eben, wie es sich gehört. Und altern, wie es sich gehört, heißt, das Altern wahrnehmen, es spüren, es zeigen.

Kennen Sie das Velasquez-Porträt der Infantin Margarita im Alter von acht Jahren (1659)? Das Bild ist darum so berührend, weil die Infantin, ein winziges Mädchen in einem ausladenden Erwachsenenreifrock, uns ernst, ja mit versteinertem Gesicht anschaut. In der Bildbeschreibung ist zu lesen: „Die Prinzessin trug immer wunderschöne, wertvolle Kleider, ganz wie eine Erwachsene.“ Heute hat sich die Welt umgekehrt. Omas werden in Kinderkleider gesteckt und schauen uns aus ihren bunten Rüschenröckchen, aus Jeans mit Applikationen, zustimmungsheischend an.

Entsprechend wächst die Enttäuschung bei der Jugend. Alte signalisieren mit ihrem Auftreten ein irritierendes Lebensfazit: „Zurück auf Feld eins.“ Das schafft unter der Jugend nicht nur Ablehnung und Spott, sondern – und das ist viel gefährlicher – Neid und Aggressivität. Da präsentieren sich Eltern und Großeltern wie ihre Kinder und Kindeskinder. Als ob Schönheit, als ob das Leben einfach weiterginge. Endlos. Und gehen mit ihrem Geld um wie weiland die reichste Ente der Welt, Dagobert Duck, die sich im Goldtaler-gefüllten Bassin von ihrem aufwändigen Leben erholt. Als ob der Lebensbogen kein Bogen, sondern ein Kreis wäre. Mitunter wird Feld eins mit einer derart unverschämten Selbstverständlichkeit besetzt, dass jüngere und junge Menschen nur noch die Schultern zucken und sich enttäuscht abwenden. Ihnen bleibt Zweckoptimismus („Dafür verstehen wir uns super“) und Naivität („Die meinen das gar nicht so“). Vielleicht mutieren Junge auch deshalb vorschnell zu superbraven und superlangweiligen Jungalten, die mit 30 ihrer finanziellen Altersvorsorge eine höhere Priorität einräumen als allem risikoreichen Drängen und Wollen: Feld eins ist besetzt.

Wenn dann die angejahrten Besetzer zu meckern beginnen und in ihren mächtigen Feuilletons enttäuscht fragen, wo denn die gut gebildete, aufmüpfige Jugend bleibe, die es ihnen gleichtut und sich mit jugendlichem Übermut einmischt, muss man sie darauf hinweisen, dass diese Jugend vielleicht gerade dabei ist, genau dies zu tun. Allerdings auf ihre Weise. Nicht mit Pauken und Trompeten, sondern mit Easy-Listening-Musik wie in einem Supermarkt, geschniegelt statt mit wilder Mähne, in uniformen H&M-Kleidern und nicht im teuren Hippie-Schick. Und vor allem nicht auf Demos, sondern ganz still und unbemerkt. Denn wenn's nicht klappt, haben sie nicht ihre Karriere beziehungsweise ihr Leben vertan. Dass jede Vorgabe zur Aufgabe geworden ist, jeder mehr denn je seines eigenen Glückes Schmied sein soll, diese Lektion haben sie gelernt. Sie stehen nicht mehr auf jenem stabilen, scheinbar unverrückbaren Felsen, von dem aus ihre Eltern zur Revolution bliesen. Wenn es nämlich nicht klappt und sie auf dem wabernden Untergrund der Jetztzeit umfallen, müssen sie wenigstens nicht zurück auf Feld eins.

■

Es droht kein Jugend-, sondern ein Alterswahn, der sich auf Jugendlichkeit trimmt und damit der Jugend ihre Privilegien stiehlt. Nackte Alte auf Plakaten und in Werbeprospekten, Prada-Omis in Ayurveda-Schönheitsfarmen befreien sich nicht vom Diktat der Jugend, sondern unterwerfen sich ihm. Bleibt zu hoffen, dass die Rechnung der Marktstrategen, die das „vierte Lebensalter" für sich entdeckt haben, nicht aufgeht und die Alten zu ihren echten Stärken finden – und zu einer Freiheit, die diese Bezeichnung auch verdient.

6. Hungerrentner und Sinnhunger

Eben lesen wir in einem deutschen Nachrichtenmagazin den schockierenden Titel „Die Hungerrentner von morgen“. Den langzeitarbeitslosen Geringverdienern und „Ich-AGs“ droht im Alter, so das über Seiten ausgebreitete Sozialdrama, bittere Armut. Die Armut droht, so unsere These, aber nicht materiell. Jedenfalls der großen Mehrzahl nicht. Auch wenn sich möglicherweise die Kluft zwischen Arm und Reich im Alter weiter vergrößert. Materielle Armut droht heute der Jugend. Der derzeitigen Rentnergeneration geht es so gut wie keiner zuvor. Und, wenn sich nichts ändert, vielleicht auch wie keiner nach ihr. Den Alten droht Armut, was ein sinnvolles Altern betrifft. In Ermangelung von Sinn wird landauf, landab über die Zukunft der Renten gestritten. Nicht über den Sinn. Wir sind Hungerrentner nach Sinn. Dem Sinn des Alterns.

Aber bleiben wir zunächst beim Geld. Geld beherrscht die Welt. Dieses alte Sprichwort scheint heute in einer beunruhigenden Weise Wirklichkeit geworden zu sein. In ähnlicher Weise wie Liebe auf Sexualität reduziert wird, ist Glück mit Geld gleichgesetzt. Ungeheure Energien werden in modernen Gesellschaften darauf verwandt, Geld zu verdienen und anzuhäufen. Was Oswald Spengler in seinem vor bald einem Jahrhundert geschriebenen Buch „Der Untergang des Abendlandes“ festgestellt hat – der Geist denke, das Geld aber lenke – hat sich noch verschärft. Geist und Denken sind nur akzeptiert, wenn sich mit ihnen Geld machen lässt. Ein gutes und glückliches Altern scheint nur mit Geld vorstellbar.

Gewiss steht vielen älteren Menschen die Zukunft drohend vor Augen. Eine Zukunft, in der man vielleicht auf andere angewiesen und pflegebedürftig ist. Eine Zukunft, in der man möglicherweise niemanden hat, der sich um einen kümmert. Und, das ist der entscheidende Punkt, Pflege, weil man niemanden mehr hat, im Restleben kaufen muss. Jedenfalls ist Geld ein erstklassiges Tabuthema, auf dessen Oberfläche all die generationenübergreifenden Liebesschwüre und Neupositionierungen verdampfen können wie Wasser in der Pfanne.

Arm und alt – diese zwei Begriffe galten so lange als unzertrennliches Paar. Alt und arm ist jedoch keineswegs mehr die Regel, auch wenn es längst nicht allen Rentnern finanziell gut geht. Allen Untersuchungen zufolge sind nicht die Senioren, sondern die Jungen, und unter ihnen insbesondere die Familien mit Kindern, einem hohen Armutsrisiko ausgesetzt. In Deutschland leben von 20 Millionen Rentnern 2 Millionen, also zehn Prozent der Ruheständler, an der Armutsgrenze und erhalten Sozialhilfe. Sie hätten Rentenerhöhungen bitter nötig. Aber 26 Prozent aller Haushalte mit Kindern fallen unter die Armutsgrenze und mehr als 2 Millionen Kinder sollen es sein, die in Deutschland in Armut aufwachsen.

Die „Infantilisierung der Armut“, wie dieses Phänomen genannt wird, ist ein neues und die künftigen Eltern vom Kinderhaben abschreckendes Thema. Andererseits liegt mittlerweile ein großer Teil des Volksvermögens bei den Alten. Im Schweizer Kanton Zürich versteuert jedes fünfte Rentnerpaar mehr als eine Million Franken Vermögen. Im Kanton Aargau soll es gemäß Steuerstatistik gar jedes vierte sein. Jedenfalls fangen viele Ehepaare im Alter erst richtig an zu sparen. Eine Sonderauswertung der Aargauer Steuerstatistik zeigt: Die älteren Leute bleiben, je älter sie werden, nicht nur reich, sie werden noch reicher. Jedenfalls verbringen, so belegen zumindest die Zahlen aus der Schweiz, nur wenig alte Menschen ihre letzten Jahrzehnte in Armut. Und auch nur zwei Prozent der 20 Millionen deutschen Rentner sind auf die Altensozialhilfe, die Grundsicherung, wie sie neuerdings genannt wird, angewiesen. Bedenkenswert ist eher die Kluft zwischen reichen und armen Alten, zwischen reichen und armen Jungen.

Leider gibt es keine Zahlen über jene Schweizer Rentner und Rentnerinnen, die ihre staatliche Alters- und Hinterbliebenenversicherung nicht und nie brauchen. Es werden sehr viele sein. Gewiss resultiert dies auch aus einer Besonderheit des schweizerischen Rentensystems. In Deutschland und Österreich sieht es anders aus. Während in der Schweiz die nichtstaatlichen Säulen der Altersversicherung, die Pensionsgelderkassen und die private Vorsorge, gut ausgebaut sind und häufig für den Lebensunterhalt reichen, scheint das in Deutschland und in Österreich weit weniger der Fall zu sein. Den Rentnern in der Schweiz geht es im Durchschnitt erheblich besser als jenen in Deutschland.

Der Pferdefuß der Verarmungsdiskussion ist indes die arg hypothetische Betrachtungsweise. Eine Betrachtungsweise notabene, mit der ein Unternehmer zum Scheitern verurteilt wäre. Die Horrorszenarien gehen nämlich davon aus, dass in der Zukunft alles so bleiben wird, wie es ist: Rentenfinanzierung, Pensionsalter, die Beschäftigungsquote. Auch die Rentner selbst denken in „Alles soll so bleiben, wie es ist"-Vorstellungen. Und wer weiß, aufgrund der medial gepuschten Schreckensszenarien womöglich auch die Jungen. So fürchten nach dem eingangs zitierten Hungerrentner-Artikel drei Viertel aller Deutschen, dass sie im Alter ihren Lebensstandard nicht mehr werden halten können. Nur unter den gegebenen Voraussetzungen, müsste man ihnen zurufen! Nur unter der „Alles wird so bleiben, wie es ist"-Annahme.

Der sattsam bekannte Altersgeiz rührt nicht zuletzt von der Vorstellung her, am Ende des Lebens noch viel Geld zu benötigen, um ein Alters- oder Pflegeheim bezahlen zu können. Aber selbstverständlich wird man nach der Pensionierung in verschiedener Hinsicht kürzertreten. Nicht nur zwangsweise, sondern freiwillig. Man überlegt sich angesichts der eigenen Zukunft kostspielige Anschaffungen zweimal. Man findet es lustig, wenn einem Vorsorgeberater noch langfristige Produkte aufschwatzen wollen. Man belässt es vielleicht bei den Anzügen, die man schon hat, und beherzigt die Devise von Silvia Bovenschen, dass sich im Alter eine leicht nachlässige Eleganz besser macht als platzende Armani-Anzüge und taillierte Hemden.

Ein Tabuthema ersten Ranges ist auch das Erben. Selbst wenn die Kinder, etwa weil sie in ihrem Berufsleben mit Testamenten, Erbschaften und Vermögensverwaltung zu tun haben, sich bestens auskennen, tun sich die meisten alten Menschen schwer damit, mit dem Partner oder mit ihren Kindern über ihre Verhältnisse und die vorgesehenen Regelungen zu reden. So kommt es immer wieder zu Tragödien, etwa wenn versäumt wurde, in einem Ehevertrag ein Nutzungsrecht des eigenen Hauses oder der Eigentumswohnung für den überlebenden Partner festzuschreiben. Oder wenn unklare testamentarische Regelungen die Erbteilung hinauszögern und nurmehr die Anwälte etwas vom Erbe haben. Wie heißt es noch gleich? Geben soll man mit warmen Händen. Wegen der höheren Lebenserwartung hat sich die Bedeutung des Erbens nun aber massiv verlagert. In Zukunft erben nicht mehr Junge von Alten, sondern Großeltern von Urgroßeltern. Schon heute fließt weit weniger als die Hälfte der gesamten jährlichen Erbsumme (und das sind in der Schweiz an die 50 Millionen Franken) an Erben unter 60. Wir wollen schweigen von der wachsenden Anzahl von kinderlosen Paaren und Single-Haushalten. Sie geben in der Regel alles erst mit ihrem Tod weiter. Das Erben wird zum geschlossenen Kreislauf im Alter. Das führt zu einer Konzentration der Vermögen in der Rentnergeneration.

Dennoch: Alt und reich oder zumindest wohlhabend zu sein bringt eine Fülle von neuen Herausforderungen mit sich, die keineswegs nur mit dem sinnvollen Verbringen der Freizeit und dem Sich-selbst-Kennenlernen zu tun haben können. War Geld vorher wichtig, wird es nach der Pensionierung noch wichtiger. Plötzlich hat man nicht nur Zeit für Ausflüge, Skatrunden und Museumsbesuche. Man hat Zeit, dem Vermögensverwalter oder Finanzberater über die Schulter zu schauen. Man hat Zeit, Kontostände zu überprüfen und nachzurechnen. Man hat Zeit, all die Aktionen und Aktiönchen der Großverteiler zu studieren und Rabattmarken zu sammeln. Denn vorrangigstes Thema der Alten ist neben der Angst vor Krankheit die Angst vor Verarmung.

Aber ist da nicht etwas anderes im Hintergrund, das schwerer wiegt? Sicherlich müssen, angesichts fehlender Pensionen und fehlender eigener Vorsorge, viele Menschen, die ausschließlich auf die staatliche Hinterbliebenenrente angewiesen sind – insbesondere Frauen nach dem Tod ihres Mannes –, schon arg rechnen, um über die Runden zu kommen. Aber ebenso viele brauchen von ihrer Rente nichts. Sie werden im Alter reicher und reicher. Die Konten schwellen an – es sei denn, ihre Inhaber beschließen, zum Entsetzen der Kinder, das Geld noch für Kreuzfahrtreisen und andere Späße auszugeben. Das Grundproblem ist die fehlende Sinngebung in diesem Lebensabschnitt. Die jungen Alten experimentieren herum. Sie spielen Stegreiftheater. Sie fragen sich am Morgen, ob sie wieder tun müssen, was sie wollen. Die gewonnene Lebenszeit ist noch leer. Aus dem Hungerrentner, den wir vornehmlich aus der Nachkriegszeit kennen, ist mit den Jahrzehnten gewonnener Lebenszeit ein Rentner mit Sinnhunger geworden.

Und ob reich oder arm oder etwas dazwischen, die Sinnfrage stellt sich allen. Weder ist der Kampf ums Überleben ausreichend als Sinngebung fürs Alter, noch das Sich-Klammern an Vergnügungen aller Art. Pater Anselm Grün empfiehlt den älter werdenden Menschen das Loslassen. Unser ganzes Leben – so der Pater – ist ein ständiges Loslassen. Man muss den Beruf, andere Menschen, die eigenen Kräfte loslassen. Man muss den überkommenen Rhythmus, die Rituale, die man gepflegt hat, loslassen. Das Sterben ist der Gipfel des Loslassens. Pater Anselm zitiert Hermann Hesse, der dieses Geschehen im Gedicht „Welkes Blatt“ unübertrefflich beschrieben hat:

Jede Blüte will zur Frucht,
Jeder Morgen Abend werden,
Ewiges ist nicht auf Erden
Als der Wandel, als die Flucht.

Auch der schönste Sommer will
Einmal Herbst und Welke spüren.
Halte, Blatt, geduldig still,
Wenn der Wind dich will entführen.

Spiel dein Spiel und wehr dich nicht,
Laß es still geschehen.
Laß vom Winde, der dich bricht,
Dich nach Hause wehen. *

Aber nicht nur loslassen müssen die älter werdenden Menschen können. Nein, es geht um mehr und um etwas anderes. „Jede Blüte will zur Frucht, Jeder Morgen Abend werden“, ist bei Hesse zu lesen. Heißt das nicht auch, dass sich mit dem Altern Neues ergibt? Die Frucht ist schließlich das Resultat der Blüte, die Blüte der zweckmäßige Anfang für das Allerwichtigste: die Frucht. Man stelle sich Obstbäume vor, die nur wunderschöne Blüten trügen, uns aber nie mit saftigen Früchten beschenkten. Die Frucht ist genauso bedeutsam wie die Blüte, mehr noch, die Frucht erst verleiht der Blüte ihren Sinn. Und: Ruft der Abend nicht eine ganz besondere Stimmung hervor?

---

* Aus: Hermann Hesse, Sämtliche Werke, Band 10: Die Gedichte, © Suhrkamp Verlag Frankfurt am Main 2002.

Deshalb kapituliert, wer nur das Loslassen übt. Wer nur loslässt, vergisst, dass das Leben vor dem Alter und im Alter unendlich reich an Möglichkeiten ist. Wer nur an die Möglichkeiten vor dem Alter denkt, gerät in Gefahr, nicht loslassen zu wollen. In dieser Optik tritt das Materielle als Sinn-Ersatz in den Vordergrund. Die greifbaren Dinge werden wichtiger als je zuvor: das Bankkonto, Essen und Trinken, ein jugendlicher Körper. Die Geschichten über Hungerrentner und Altersarmut stellen genau das in den Vordergrund. Sie vertiefen eine materialistische Einstellung.

Der Alterungsprozess hat aber eine andere Seite. Der Verlustrechnung steht eine Gewinnrechung gegenüber. Im Alter verliert man nicht nur Möglichkeiten, sondern man gewinnt auch welche hinzu. Sinngebung im Alter heißt, neue Möglichkeiten entdecken. Und Möglichkeiten entdecken heißt beileibe nicht nur, das, was man bislang getan hat, aufwändiger und ausgiebiger zu tun. Ruhestand sei Unruhestand, hört man oft. Aber wie viel Zeit wird mit uninteressanten Tätigkeiten verschwendet? Die Zeitung wird bis in die letzten Werbespalten hinein gelesen und für das Einkaufen werden ganze Tage angesetzt. Das Fernsehen wird schon am Nachmittag, wenn nicht am Vormittag eingeschaltet und die Dauerfrage heißt: „Ist es bald Zeit für die Nachrichten?“ Gezählte Stunden statt gelebte Zeit.

Die wahre Frage lautet doch, ob man im Unruhestand sinnvolle Aufgaben findet, die über das alltägliche Leben und die Routinen des Tages hinausweisen. Das können geistige Tätigkeiten sein oder aber Erkundungen von Themen und Sprachen der Welt, die bislang nicht möglich waren. So hat Peters Mutter auch jetzt, mit 96 Jahren, noch ungemeines Interesse an Fragen, das sie im Stress ihres Mutterlebens mit neun Kindern und zeitweise drei Pflegekindern nie aufbringen konnte. Wieder und wieder entdeckt sie Dinge, über die sie am Abend weiter nachdenken muss. Und immer ist ihre Standardfrage („Nun frage ich wieder und du weißt, was ich frage…"): „Was gibt es Neues?" So ist sie wohl erst im Alter das geworden, worauf Hermann Hesse in seinem Gedicht abzielt.

Die Fragen nach Sinn, sinnvollen Aufgaben und sinnhafter Lebensgestaltung werden zu wenig angesprochen. Zu viele ältere Menschen verdummen vor dem Fernseher. Sie singen mit den Helden der Volksmusik die alten Lieder. Die Jungen haben schon Recht, wenn sie angesichts der Samstagabendprogramme sagen, Fernsehen sei etwas für alte Leute. Marion Gräfin Dönhoff, Gründerin und langjährige Herausgeberin der „Zeit", hat in einem Interview sinngemäß gesagt, die mitverantwortliche Lebensführung und das Interesse, sich mit der Lebenssituation anderer Menschen sowie mit Fragen der Kultur aktiv auseinanderzusetzen, finde noch keinen Platz im Lebensskript der meisten Menschen. Unser Eindruck ist, dass stattdessen eine seltsame Mischung aus Selbstbemitleidung und Spaß-haben-Wollen dominiert.

Nicht nur annehmen und loslassen lernen muss die Devise sein, sondern dazulernen, Neues lernen; lernen, diese neue Lebensphase sinnvoll auszufüllen, und nicht, sie zu vertrödeln, zu verjubeln oder im Spaß zu ertrinken. Schenken und geben zu lernen lohnt sich ebenfalls. Das mag in unserer materialistischen Zeit süßlich und verlegen klingen. Aber dass Geben statt Nehmen das Leben mit Sinn erfüllt, war der Philosophie und der Bibel, weltlichen Glücksvorstellungen und religiösen Sinndeutungen schon immer vertraut.

Wie lassen sich diese Vorstellungen umsetzen? Moralpredigten an die älteren Menschen zu halten wäre zu einfach, obwohl sie es gelegentlich verdient hätten. Energie und Potenziale, die in großem Ausmaß vorhanden sind, werden von der modernen Gesellschaft nicht gefasst, nicht genutzt. So sucht sich die den älteren Menschen zugewachsene Energie ihre Wege auch im Abseitigen. Man hört derzeit viel über Jugendkriminalität und -gewalt. Aber nicht nur bei Sexualstraftaten und Kinderpornografie sind hauptsächlich ältere Menschen beteiligt. Parteien, die sich vor den Wahlen über die sprunghaft angestiegene Jugendgewalt auslassen und Jugendliche immer jünger hinter Gitter zu bringen versuchen, sollten einmal unvoreingenommen die Altersstruktur derjenigen anschauen, die solches fordern. Früher sprach man von Klassenjustiz, wenn eine Gruppe, die nicht unter denselben Lebensbedingungen lebte, eine andere Gruppe drangsalierte und über sie Gericht hielt. Heute haben wir es mit einer Kohortenjustiz zu tun, mit einer Justiz, in der fast ausschließlich ältere Herrschaften über jüngere zu Gericht sitzen. Und dabei häufig genug auch noch ihre eigene Vergangenheit verklären.

So spiegelt auch die Kriminalität die Altersstruktur einer Gesellschaft. Auch das Gefängnis ist ein Abbild der gesellschaftlichen Altersgruppen. Die Kriminalitätszunahme bei den Alten bleibt – so die Kriminalitätsstatistiken in Deutschland und der

Schweiz – auch dann überdurchschnittlich, wenn die Alterung der Bevölkerung berücksichtigt wird. Die Zunahme der Straftaten, die von Rentnern begangen werden, spiegelt aber nicht nur die gesellschaftliche Altersstruktur, sondern auch das Altenbild. „Je schlechter man über die Alten denkt, desto gefährlicher werden sie" (Frank Schirrmacher). Der Anteil der Senioren in den Gefängnissen nimmt nicht nur zu, er steigt überproportional. In Deutschland diskutiert man im Land Niedersachsen über sogenannte „Altersknäste", die analog zu Jugendstrafanstalten speziell auf Ältere ausgelegt werden sollen. Oder geriatrische Abteilungen in Hochsicherheitstrakten. Denn es stellt sich eine ganze Reihe von neuen Problemen, die nicht zuletzt auch mit der Pensionierungsgrenze zusammenhängen, die es den Alten in den Gefängnissen nicht gestattet, zu arbeiten.

Dass die älteren Menschen in unserer Gesellschaft und gerade auch Rentner mehr Straftaten begehen, ist leicht erklärlich. Die Energie, die bei den Senioren und Rentnern so häufig brachliegt, sucht sich ein Ventil eben nicht nur im Schrebergarten und beim Briefmarkensammeln. In einem Science-Fiction-Thriller aus den 1990er-Jahren mit dem Titel „Die Freizeitrevoluzzer" von Eric Koch verschafften sich zwangspensionierte und leerlaufende Senioren mit sonderbaren Aktionen wie dem Aussetzen von Maulwürfen auf Golfplätzen oder dem Versenden von Briefen mit klebrigen Inhalten Aufmerksamkeit. Heute würden sie vielleicht versuchen, Verkehrssysteme oder Herzschrittmacherfrequenzen zu stören oder Heirats- und Todesanzeigen zu fälschen.

In dem im Frühjahr 2007 über die Bildschirme geflimmerten Dreiteiler von Jörg Lühdorff mit dem Titel „2030 – Aufstand der Alten“ begehen wehrhafte Senioren Banküberfälle und klauen in Apotheken Medikamente für Notleidende. Sie schreiten zur Tat in einer Welt, in der ein Großteil der alten Menschen in den Trümmern eines verfallenden sozialen Sicherungssystems in riesigen Schlafhallen vor sich hinvegetiert. Das mag übertrieben sein. Aber schon immer hat Perspektivlosigkeit, welche Generation sie auch immer betrifft, zu unliebsamen Folgen und Ausbruchsversuchen geführt.

Der Hungerrentner ist ein sinnhungriger Alter. Und weil er Sinn nicht wie eine Rente beziehen kann, weil die Sinnfrage bis zum Schluss keine einfachen und endgültigen Antworten zulässt, keine Abrechnungen nach Hause schickt oder einen mit großem Blumenstrauß und ein paar Dankesworten entlässt wie der Arbeitgeber seine Ruheständler, weil dieser Sinnhunger vieles im Möglichen und Ungefähren belässt, im Ungenauen und auch Riskanten, kaprizieren sich Alte auf die Überwachung ihres stetig wachsenden Vermögens, gehen auf Ausflüge oder betreiben Nabelschau. Sparsamkeit, Genauigkeit, ein Schuss Misstrauen und Eigensinn – das sind beileibe nicht zu verachtende Eigenschaften.

Aber sie sind nicht alles. Schon gar keine Sattmacher. Auch das ehrenamtliche Engagement, die Freiwilligenarbeit und die Enkelbetreuung stillen den eigentlichen Sinnhunger nicht. Zwar wären viele Vereine und Initiativen ohne das Mitwirken älterer Menschen verloren. Aber Freiwilligenarbeit und bürgerschaftliches Engagement sind keineswegs das, was Pensionierte sich wünschen. Deshalb nimmt die Motivation, dort mitzumachen, ab. Wer arbeitet, will dafür bezahlt werden, genau wie alle anderen auch, und das möglichst nicht mit fünf Euro. Die Neuerfindung der gewonnenen Zeit darf nicht zur Trödel- und Wartezeit werden, in der Abermillionen motivierte und tatkräftige Rentner zu gesellschaftlichen Putzübungen verdonnert werden. Es genügt nicht, die Sinnfrage zu stellen, den Alten selbst aber keine ausreichenden Möglichkeiten zu bieten, Antworten darauf zu finden.

■

Armut ist heute eher ein Problem der Jungen als der Alten. Die Renten- und Finanzierungsfragen rund ums Alter schießen deshalb am Ziel vorbei. Für alte Menschen ist weniger der Hunger nach Nahrung als der Sinnhunger das eigentliche Problem. Weil sich dieser Hunger nicht einfach mit Briefmarkensammeln, Kreuzfahrten und Freiwilligenarbeit stillen lässt, müssen für Alte neue Tätigkeitsfelder aufgetan werden. Denn die Frage nach Sinn ist vor allem auch eine Frage nach sinnvoller Tätigkeit – über die Freiwilligenarbeit hinaus.

7. Arbeiten bis hundert

In der Weinhandlung verkaufen blutjunge Herren, die selbst vermutlich am liebsten Bier trinken, ihren Kunden alten, gut abgelagerten Portwein. In fast ausschließlich von älteren Damen und Herren besuchten Nobelboutiquen sind schöne, junge Verkäuferinnen zugange, die ihren doppelt so schweren und zweimal so alten Kundinnen und Kunden Nobles anbieten. In den Banken, die den Altenmarkt nun endlich entdeckt haben, beraten jugendliche Vorsorgeberater sorgenvolle 70-Jährige über Testamente und langfristige Geldanlagen. Stämmige Crossfahrer preisen Seniorenfahrräder und Crosshosen an. Im Kiesertraining ist das Personal ausnahmslos kräftig, durchtrainiert und jung bis sehr jung. Während manchen Produkten ein gewisses Alter erst ihren Wert verleiht, gilt dies für Verkäufer keineswegs: Und so werden Ältere kaum je von Leuten frisiert, die ebenso wenig Haare haben wie sie selbst.

Auch in der Herstellung altersgerechter Produkte sind ältere Mitarbeiterinnen kaum anzutreffen. Kürzlich zu Gast in einer Sozialversicherungsanstalt, die das Durchschnittsalter ihrer Belegschaft auf stolze 40 Jahre heruntergefahren hat, wurde moniert, dass angesichts einer Klientel, die zu einem großen Teil über 60-jährig ist, die Berater und Sachbearbeiter doch nicht wesentlich jünger sein sollten. Es gibt Sportmarken, die ihre Produkte mit dem Slogan „von Sportlern für Sportler hergestellt“ bewerben. Gleiches läsen wir gerne bei Brillen, Hörgeräten, Stützstrümpfen, Handys, Haushaltsgeräten, Milchtüten und vielem anderem mehr. Was eingeschweißte Lebensmittel angeht, bemängeln laut einer neuen Studie mehr als siebzig Prozent der Senioren die Öffnungsmechanismen solcher Produkte. Dasselbe gilt für folienverschweißte Medikamente, deren Verpackung für alte, verbrauchte Hände eine unüberwindliche Herausforderung darstellen kann.

Damit betreten wir ein weites Feld im neuen Altenmarkt, auf dem nicht alle am selben Platz stehen müssen. Nicht alle Jungen können dasselbe. Auch nicht alle Alten. Aber Alte können etwas, was Junge nicht können – und umgekehrt. Es geht also um wechselseitige Ergänzung. Wieso sollen 25-Jährige Produkte „für die reife Frau" entwickeln? Warum beraten 30-jährige Grünschnäbel vermögende Pensionäre in Finanzfragen? Warum wissen Nichtruheständler, was Ruheständler konsumieren wollen? Warum müssen neue Produkte in teuren Testreihen mit „Age Explorern" erprobt werden (das sind Spezialanzüge, in denen sich Alter simulieren lässt), wenn es genug Alte gibt, die das Tag für Tag real praktizieren? Es ist wie bei den Frauen: Schwule Männer machen schöne Frauenmode, aber sonst gewinnt man vielfach den (schlechten) Eindruck, dass Männer Frauenprodukte entwerfen oder zumindest über ihre Marktfähigkeit entscheiden. Dabei liegt in den unterschiedlichen Potenzialen die große Chance. Dazu braucht man gar keine großartigen Studien über junge und alte Gehirne und ihre Fähigkeiten anzustellen.

Gewiss, die oft starke Bezugnahme der Alten auf die Vergangenheit, ihre Haltung, dass etwas, das schon 30 Jahre funktioniert, noch weitere drei Dekaden gültig sein soll, prägt manchmal große Teile ihres Handelns. Manchmal allzu lange versuchen sie Erreichtes zu verteidigen – blind für notwendige Neuerungen und ohne Blick auf die Zukunft. Da fragt ein Bub seinen Vater, ob Väter denn immer mehr wüssten als Söhne. Und der Vater sagt „Ja". „Papa, wer hat die Dampfmaschine erfunden?" – „James Watt." Darauf der Bub: „Aber warum hat sie dann nicht James Watts Vater erfunden?"

Die nachrückende Jugend, die sich ihren Platz sucht, reagiert auf diese Art Beharrungsvermögen mitunter ungehalten, womöglich unfair. Jedenfalls entsteht tendenziell statt eines Miteinanders ein Gegeneinander. So werden notwendige Innovationen verhindert oder zumindest stark gebremst. Managementberater Fredmund Malik schreibt und spricht immer wieder davon, wie sich die Art zu arbeiten gründlich verändern muss. „Wenn in Erfolgsphasen Schwierigkeiten auftreten, handeln die meisten Menschen nach der Maxime, ‚Mehr vom Selben'. Dieses typische menschliche Verhalten in komplexen Systemen ist bekannt und gut erforscht. Aber es ist falsch."

So braucht es auch mit Blick auf die demografische Entwicklung nicht einfach ein Mehr desselben, ein „Mehr arbeiten" von älteren oder jüngeren Mitarbeitern, sondern auch ein „anders arbeiten". Langsam müsste darüber nachgedacht werden, ob älteren Mitarbeitern, anstatt sie in die Frühpensionierung zu schicken, andere und neue Aufgaben zugeteilt werden könnten – zum Nutzen aller. Für den Lokomotivführer, der vielleicht nicht bis 67 internationale Strecken bewältigen sollte, gäbe es eine Vielzahl anderer Aufgaben, die er dank seiner Erfahrung für alle gewinnbringend erfüllen würde…, auch wenn es noch keine Betagtenabteile in den Zügen gibt. Genauso wenig wie wir das demografische „Problem“ durch gebärfreudigere Frauen lösen können und sollen, können wir die Probleme der Sozialversicherungen nur mit der Forderung nach mehr älteren Arbeitskräften in den Griff bekommen. Man macht die Rechnung ohne den Wirt, wenn man die älteren Frauen und Männer zur wirtschaftlichen Kapazitätsreserve und Rettungsmannschaft für das Rentensystem degradiert, die man im Bedarfsfall zur Arbeit befehlen kann. Schon allein deshalb, weil ohnehin immer mehr Frauen erwerbstätig sind und ihre Erwerbstätigkeit im Alter auch länger als Männer behalten. Vergessen wird – und das gilt insbesondere für Deutschland – die Kapazitätsreserve, die durch früheres Einschulen und kürzere Schul- und Ausbildungsdauer erzielt werden könnte, ganz zu schweigen von den Arbeitslosen, die ebenfalls eine beträchtliche Kapazitätsreserve darstellen.

Aber es geht hier nicht nur um die Kapazitätsreserven, die im Krisenfall mobilisiert werden könnten. Es sind nicht nur die Massen, die Produktivität erzeugen, oder Menschen, die noch fleißiger arbeiten. Bei all den Diskussionen wird einer der wichtigsten Gründe für die Entstehung von Produktivität vergessen: Fortschritt. Fortschritt nicht im Sinne eines „mehr vom selben“, sondern von Innovation und Entwicklung. Nicht wenige Fachleute gehen davon aus, dass die Produktivität weiter steigen wird – wegen dieses Fortschritts. Auch mit vielen Alten und wenigen Jungen. Und zwar in einem solchen Maß, dass in keiner Weise von einem Finanzierungsproblem gesprochen werden kann – es sei denn, wir betrachten die Parameter der heutigen Arbeitsgesellschaft als in Stein gemeißelt. Die entscheidenden Fragen lauten deshalb vielmehr, ob ältere Frauen und Männer länger arbeiten wollen und ob sie ihrem ausgedehnten Leben auch über längeres Arbeiten Sinn verleihen könnten. Und, ebenso wichtig: wo und wie sie denn arbeiten könnten, wenn sie wollen. Hier ist nicht nur die Politik, sondern auch die Wirtschaft gefordert.

Dass in Deutschland die Erwerbsquote schon der über 60-Jährigen, ja der über 55-Jährigen befremdlich, um nicht zu sagen erbärmlich ist, wollen wir nicht weiter ausführen. Und dass in der Schweiz trotz guter Konjunktur die Zahl der Frührentner weiterhin ansteigt, passt ebenfalls nicht in das oben skizzierte Bild. Auch die 65-jährigen ins Rentenalter einsteigenden Pensionierten sind im Schnitt energischer, gesünder und gebildeter als die Generationen vor ihnen. Die Bundesbürger fühlen sich nach einer Umfrage des Emnid-Institutes (2005) im Durchschnitt 5,2 Jahre jünger, als sie sind. Was dies für die Erwerbstätigkeit bedeutet, liegt auf der Hand.

Natürlich gälte es, die Erfahrung der Alten mit der (Arbeits-)Weise des Neuen zu kombinieren. Genau so wie modernes Personalmanagement die Fähigkeiten von Mann und Frau kombiniert. Keine Alten mehr, die einfach „mehr vom selben“ fordern, keine Jungen mehr, die dann ihre Ungeduld in überzogene Klagen verpacken. Respekt vor und Akzeptanz der demografischen Vielfalt und deren Integration ins Arbeitsleben fordert nicht nur die Politik, sie fordert alle. Alte sollten nicht einfach Erreichtes verteidigen und Junge sich nicht wie

Greise, aber auch nicht wie Kinder benehmen. Alte dürfen nicht in die Besserwisserei abdriften und alles durch „Erfahrung“ zu erklären versuchen. In einer bisweilen überhitzten Arbeitsgesellschaft, deren Fundament das Wissen, dessen Weiterentwicklung und ein richtig vernetzter Einsatz dieses Wissens sind, müssen den Jungen auch mal die Hände gesund gepflegt werden, wenn sie sich die Finger verbrannt haben. So wie die Emanzipation grundsätzlich ein anderes Miteinander von Frau und Mann fordert, macht die demografische Entwicklung vielleicht gerade mit Blick auf die Arbeitswelt ein anderes Miteinander von Alt und Jung, ein neues Denken erforderlich.

Das Ganze ist grundsätzlich keine Frage des Alters, sondern der Anteilnahme, der Fähigkeit, sich in etwas hineindenken zu wollen. Alte wie Junge müssen sich diesbezüglich an die eigene Nase fassen. Die Erfahrung des Alters zu nutzen, ohne sich davon lähmen oder beschämen zu lassen, fordert die Jungen. Und die Innovationskraft der Jungen, ihren unverstellten Blick auf die Zukunft nicht mit einem „Wir haben das aber immer anders gemacht“ abzutun, fordert die Alten. Denn ihr geringeres Maß an Verpflichtungen und das höhere Maß an Freiheit prädestiniert sie geradezu, innovativ und kreativ sein zu können. Die Innovationskraft der Alten könnte, wenn man an altersgerechte Produkte denkt, ganz unmittelbar produktiv eingesetzt werden.

Im Laufe des Lebens verändern sich nicht nur die Vorstellungen über die Zukunft, die noch vor einem liegt, sondern auch die Fähigkeiten und Potenziale. Man will und kann im Alter anderes. Dass die körperliche Leistungsfähigkeit abnimmt – sei's drum. Sie spielt in der Erwerbsarbeit keine so tragende Rolle mehr wie im Industriezeitalter. Die meisten Argumentationen über das nachlassende Leistungsvermögen der Älteren basieren auf einer überholten Vorstellung von Arbeit. Die Menschen von heute arbeiten mehrheitlich nicht mehr körperlich. Noch um 1900 wurden Arbeiter, die eine Brille tragen mussten, entlassen. Heute tragen ab einem bestimmten Alter alle Brillen und dazu eventuell noch Hörgeräte. Brillen mindern die Arbeitsfähigkeit so wenig wie das Alter. Sie können diese – wie das Alter! – sogar steigern.

In einer Wissens- und Dienstleistungsgesellschaft muss man weder schwere Lasten heben noch lange Distanzen laufen können. Die modernen Belastungen sind psychologischer Natur. Geistige Leistungsfähigkeit erstreckt sich indes beileibe nicht nur auf Schnellrechnen und Datenreproduktion wie in Günther Jauchs beliebtem „Wer wird Millionär?"-Ratespiel. Unsere Gesellschaft ist auch keineswegs nur auf Naturwissenschaftler und Elektroingenieure angewiesen. Sondern auf arbeitswillige Menschen, die nicht nur Daten produzieren, sondern sie richtig zusammenfügen und sich so hineindenken in die Frage, was die Gesellschaft von morgen braucht.

Die Forderung, altersgerechte Produkte altersgerecht zu produzieren und zu verkaufen, gilt zwar nicht immer und durchweg. Misswahlen müssen nicht unbedingt von Omis und Opis durchgeführt werden, auch wenn die Einschaltquote der über 70-Jährigen vermutlich höher ist als jene der 20- bis 30-Jährigen. Aber wenn über Produktivität gesprochen wird, muss über Produkte und Leistungen gesprochen werden – die (auch) von den Älteren konsumiert werden. Zum Beispiel Brillen und Computer, Milchtüten und Medikamente, Tiefgefrorenes und Eingemachtes, Badewannen und semiautomatische Automobile, mobile Geschäfte oder Vorsorgeprodukte. Elektromobile für Behinderte sehen leider aus wie Jahrmarktscooter. „Ekelerregend und niedlich. Wenn ich vor einem Straßencafé parke, sitzt binnen kurzem eine begeisterte Kinderhorde auf dem Gefährt", so Silvia Bovenschen in ihrem anrührenden Buch übers Älterwerden. Oder Haarschnitte. Gibt es Friseure, die über 60 Jahre alt sind? Finden sich Coiffeure, die zu ihnen nach Hause kommen, um ihnen im Badezimmer die Haare zu schneiden? Gibt es im Telefonbuch entsprechende Angebote? Kurzum: Überall will man die Alten bewirtschaften. Aber man lässt sie nicht wirtschaften.

Die altersrelevanten Produkte – begehbare Badewannen, Laschen, die sich leicht öffnen lassen, Spezialhandys mit spiegeleiergroßen Tasten, drehbare Autositze oder Schuhe, die sich an- und ausziehen lassen, ohne dass man sich bückt – werden ganz diesem paradoxen Umstand entsprechend nicht von Alten für Alte gemacht. Das muss nicht notwendig Misserfolg bedeuten. Ein Navigationssystem für verwirrte Bewohner, die ihre Zimmer nicht mehr finden, wurde, wie man liest (Der Spiegel 13, 2008, S. 140) von Informatikstudenten entwickelt. Aber der Rollator, auf dem es montiert ist? Die Größe der Schilder? Die akustischen und visuellen Leitsysteme? Ohne engen Bezug zu den Demenzkranken wird die Entwicklung solcher Produkte vermutlich nie marktrelevant.

Es ist bedenkenswert und ruft nach Bestrafung durch Konsumverweigerung, dass die alternde Bevölkerung der Wirtschaft eine Menge neuer Chancen eröffnet, ohne dass sie an der Entwicklung passender Produkte beteiligt sein kann. Besonders schwerwiegend ist die digitale Kluft zwischen Jugend und Alten. Hier sind die Alten deutlich im Hintertreffen. Die „Silver Surfer", wie die googelnden Senioren genannt werden, sind, was die über 50-Jährigen betrifft, zu nicht einmal 40 Prozent vernetzt, während der Anteil der 14- bis 29-Jährigen über 80 Prozent beträgt. Nicht auszudenken, wie es erst bei den über 70-Jährigen aussehen mag. Immerhin: Es gibt googelnde Menschen 70+. Die Altersgruppe wäre ein gewaltiger Markt. Auch als Mitarbeiter. Aber Google beschäftigt nun einmal leider keine 70-jährigen Cyber-Oldies. Gerade weil sie mit Google wenig anfangen können, könnte solch ein Unternehmen von ihnen lernen. Vermutlich liegt das Durchschnittsalter der Google-Mitarbeiter bei etwa 30.

Aber die digitale Kluft zwischen den Generationen lässt sich weder durch Appelle noch durch Computerkurse schließen. Und schon gar nicht durch jugendliche Produktentwickler, die keine Lust haben, sich in ältere Leute hineinzudenken. Es gilt, den Zugang zum Internet altersgerecht zu erschließen und zu erleichtern. Die schreibmaschinenerprobten Menschen 60+ wollen keine Computermäuse, die für elastische Kinderhände entwickelt wurden. Eigentlich wollen sie gar keine Mäuse, sondern Tasten. Und so könnte noch einiges andere an diesen Gerätschaften geändert werden. Auch wenn diesbezüglich noch zu wenig getan worden ist, die nicht vernetzen Oldies sollten sich der Cyber-Welt nicht entziehen. Sie werden das

Internet nicht nur kennenlernen wollen, sondern müssen. Der deutsche Versandhändler Neckermann etwa, der seit 2003 auf dem Schweizer Markt tätig ist, schafft für die Schweiz die Kataloge ab und preist sein Angebot nur noch im Internet an.

Natürlich gibt es einige Lichtblicke, wie die Asea Brown Boveri (ABB), die eine Plattform für ausgeschiedene Mitarbeiter und Manager geschaffen hat (Contenect), über die diese im Inland und Ausland vermittelt werden können. Eine Idee übrigens, die in den USA und in Großbritannien zu einem blühenden Geschäftszweig der Personalvermittlungsbranche geworden ist. Oder eine schweizerische Kantonalbank (Kanton Baselland). Sie arbeitet sehr erfolgreich mit Seniorenberatern, die eigene Verträge mit ihrer Tätigkeit entsprechenden Vorgaben erhalten. Seien es Vorsorgeprodukte von Banken, Pflegeleistungen in Krankenhäusern oder staatliche Ausgleichs- und Sozialversicherungskassen – die Unternehmen beginnen erst allmählich umzudenken. Wie auch immer derlei Beschäftigungsmöglichkeiten aufkommen, sie sind noch die Ausnahme. Die Vorurteile gegenüber älteren Arbeitnehmerinnen und Arbeitnehmern sind leider, allen Gegendarstellungen zum Trotz, nach wie vor enorm.

Ein letztes, vielleicht extremes Beispiel. Vor noch nicht allzu langer Zeit hat Peter in der „NZZ am Sonntag" einen Artikel mit dem Titel „Rentner an die Waffen. Das Konzept Armee 50+" lanciert (7.11.2005). Darin wurde die schlichte These vertreten, dass eine Wehrpflicht für 20-Jährige oder noch Jüngere nicht nur ein Pflichtgefühl gegenüber der Heimat voraussetze, das man vermutlich nicht erwarten könne, sondern dass die Jungen nach der Schule auch anderes und Wichtigeres zu tun hätten, als sich Gedanken über die Landesverteidigung zu machen. Just das Pflichtgefühl könne man aber bei der älteren Generation weitgehend voraussetzen – neben einer im Allgemeinen deutlicher als bei Jungen ausgeprägten Fähigkeit, die Folgen des eigenen Handelns zu bedenken. Dass eine Boulevardzeitung daraufhin schrieb, ein Soziologieprofessor fordere die Rentner an die Waffen, um das demografische Problem lösen zu helfen, enthielt ganz unbeabsichtigt einen Kern Wahrheit. Die Wahrheit nämlich, dass es notwendig ist, in Bezug auf *alle* Tätigkeits- und Berufsfelder Überlegungen darüber anzustellen, wo Menschen 60+ nicht nur ihnen entsprechende Tätigkeitsfelder finden könnten, sondern wo sie der gestellten Aufgabe sogar besser gewachsen wären.

Kriterien für Unternehmen, dies zu tun, sind (a) das Alter ihrer Kunden und (b) die Verteilung der Altersgruppen in der Gesellschaft. Nicht nur im Hause muss beginnen, was leuchten soll im Vaterland. Auch die Unternehmen, und zwar öffentliche wie private, haben eine ordnungspolitische Aufgabe. Dass ausgerechnet in den Verwaltungen und Ministerien sowie in Bildungseinrichtungen und Hochschulen ein freiwilliges Weitermachen aus arbeitsrechtlichen Gründen praktisch unmöglich ist, obwohl die Mitglieder der Regierung eine Altersguillotine nicht kennen, schreit zum Himmel. Auch sie können Wesentliches zu einem sinnerfüllten Altern beitragen. Indem sie das Gesetz für jene öffnen, die jenseits der Pensionierungsgrenze arbeiten wollen.

In einer alternden Gesellschaft muss es für ältere Menschen möglich sein, erwerbstätig zu bleiben, wenn sie dies wollen. Dabei geht es nicht einfach um ein längeres, sondern um ein anderes Arbeiten. Insbesondere an der Entwicklung und Herstellung von Produkten für Alte sollten ältere Menschen aktiv beteiligt sein. Der Maßstab für eine Beschäftigung über das Pensionsalter hinaus sollte die Spiegelung der Altersstruktur der Gesellschaft in der erwerbstätigen Bevölkerung sein.

8. Last der Alten und der Jungen

Wahltag ist Zahltag, sagt man. Das Alter sei Zahltag für die Jungen, hört man. Die armen Jungen! Immer weniger Junge, heißt es, müssten für immer mehr Alte zahlen. Sie tappten in die Altersfalle. So werden die Jungen gegen die Alten ausgespielt. Die Ökonomen rechnen, die Statistiker auch, die Sozialwissenschaftler nicht minder. Dies führt dazu, dass die Alten am Schluss sorgenvoll sich selbst wegrechnen. Die betrübliche Aussage Älterer, insbesondere von Altersheimbewohnern, dass sie zu nichts mehr nütze seien, ist eine Folge dieser Rechnerei. Nach der Wende hat man in Deutschland die Aussage kolportiert, dass der Sozialismus an der Tatsache zugrunde gegangen sei, dass er nicht rechnen könne. Der Kapitalismus hingegen werde zugrunde gehen, weil er nur noch rechnen könne.

Exakt diesen Eindruck hat man angesichts der häufig geradezu hysterisch anmutenden Sorgen, die man sich in der Schweiz, in Deutschland und in Österreich über die ökonomischen Folgen der demografischen Entwicklung macht. In einer beunruhigenden Weise macht sich ein nur in ökonomischen Kategorien rechnender Materialismus breit.

Wenn schon gerechnet wird, sollte man wenigstens richtig rechnen. Es ist ja keineswegs so, dass die Jungen für die Alten aufkommen. Auch wenn dies tausendmal behauptet wird, wird es dadurch nicht wahrer. Richtigerweise müsste es heißen: Die erwerbstätige Generation zahlt für die Alten und für die Jungen. Die Hochleister im mittleren Lebensabschnitt bis 65 versorgen zwar über die Einzahlung in die Rentenversicherung die Alten, über das Steueraufkommen aber auch die Kosten der Jungen.

Leider gibt es in der Schweiz im Unterschied zu Deutschland keine entsprechenden Untersuchungen. Vermutlich zahlen die 50- bis 65-Jährigen einen erheblichen Anteil des Aufkommens für die Rentenversicherungen. Unsere Frage an das Bundesamt für Statistik führte zu der Antwort, dass das ein schwieriges, weites Gebiet sei, „eigentlich ein Thema für eine umfassende Studie". Eine solche Studie wäre angesichts der grassierenden Vorurteile schon lange vonnöten. Genauer nachgehen sollte man auch der Frage, was eigentlich zwischen den Alten selbst umverteilt wird. Statt über die armen Geisteswissenschaftler und ihre angeblich „brotlosen" Künste zu schimpfen (immerhin sind sie es in der Regel, die den Gesellschaften neue Lesarten anbieten), müsste man einmal den Ökonomen mit ihrem unentwegten Rechnen auf die Finger klopfen und eine doppelte Buchführung anmahnen – Altenlast versus Jugendlast.

Hinweise lassen sich schon mit einem kurzen Blick in die Statistik der öffentlichen Haushalte gewinnen. Nimmt man die Angaben aller öffentlichen Haushalte, die familienpolitischen Maßnahmen wie Erziehungsgeld und Elternurlaub und die neuen, öffentlich geförderten Kinderbetreuungsformen zusammen, so kommt man vermutlich auf höhere Kosten für die Jungen als für die Alten. Gewiss ist die Rechnung komplizierter: Auch die Krankenhauskosten und die Krankenversicherungsausgaben sind, was die Alterslast betrifft, hinzuzuzählen.

Invalidenversicherungs- und Ergänzungsleistungen ebenfalls. Gerechterweise muss gesagt werden, dass die Umverteilung im Gesundheitswesen von Jung zu Alt zunimmt.

Aber auch für Jugendliche und Kinder steigen die Lasten. Der Aufwand für Betreuung, Erziehung und Ausbildung beläuft sich gesamthaft auf gut 250 000 Euro pro Kind, wovon etwa drei Viertel von den Eltern und ein Viertel vom Staat aufgebracht wird. In Deutschland geben die Eltern im Durchschnitt fast 600 Euro pro Monat und Kind aus. Zählt man den staatlichen Anteil hinzu, sind es wohl 1000 Euro pro Monat und Kind. Kinder werden nicht nur über Bildungsausgaben und Ausgaben für Kindergärten und -krippen von der Allgemeinheit mitfinanziert. Sie entziehen dem Arbeitsmarkt auch qualifizierte Frauen – Kosten, die nie beziffert werden. Gerade ist eine Studie der Schweizerischen Universitätskonferenz erschienen, welche die Kosten eines Universitätsstudiums für das Jahr 2007 zu beziffern versucht. Darin werden die Kosten eines Studenten der Geistes- und Sozialwissenschaften (Lehre und Forschung) auf etwa 200 000 Franken beziffert, jene der Absolventen der Exakten, Natur- und Technischen Wissenschaften hingegen auf über 400 000 Franken. Die Daten für Deutschland und Österreich sind ähnlich.

Ebenso kurzsichtig ist die dramatische Gegenüberstellung von Erwerbstätigen und Rentnern. Zurzeit stehen in Deutschland, Österreich und der Schweiz einer Person im Rentenalter vier erwerbsfähige Personen gegenüber. In den nächsten Jahren wird sich dieses Verhältnis in der Tat zuungunsten der Erwerbsfähigen verändern. Längerfristig aber wird, wenn die geburtenschwachen Jahrgänge in die Erwerbsfähigkeit hineinwachsen, auch die Zahl der Personen im Erwerbsalter sinken. Und schließlich auch wieder die Zahl der Rentner.

In der einzigen uns bekannten, genaueren Studie zu diesem Thema, durchgeführt von Walter Bien im Auftrag des Deutschen Jugendinstituts, wird ausgeführt: „Kinder tragen in den ersten 20 bis 25 Jahren nichts zur Rentenzahlung bei, sondern gehören zur nichterwerbstätigen Bevölkerung, (…) sie belasten die erwerbstätige Bevölkerung. Die Renten als Anteil des erwirtschafteten Bruttosozialprodukts sind daher leichter zu finanzieren, wenn der Anteil des Bruttosozialprodukts, der an die Kinder geht, kleiner wird." Und: „Die künftig geborenen Kinder werden – im Zuge der allgemein erhöhten Lebenserwartung – älter als ihre Großeltern und Eltern. Um die damit steigende Belastung, die sie im Alter für die ihnen nachfolgende Generation darstellen, auszugleichen, müssen noch mehr Kinder geboren werden, was die erwerbstätige Bevölkerung noch weiter belasten wird. Eine steigende Geburtenrate ist also nicht die Lösung des Altersproblems, sondern bewirkt als eine Art Kettenbrief, dass jede folgende Generation von Erwerbstätigen mehr und mehr be- statt entlastet wird."

Die Studie kommt zu der Schlussfolgerung: „Ein Teil der öffentlichen Meinung unterstellt den jungen Frauen so etwas wie Gebärverweigerung, mit der sie den Generationenvertrag, die Rente für die ältere Generation und den Bestand der Bundesrepublik Deutschland bedrohten. Hinter diesem Vorwurf steht die Vorstellung, dass die angesprochenen Probleme gelöst seien, wenn die jungen Erwachsenen nur ‚ihre Pflicht tun', und möglichst viele Kinder in die Welt setzen würden. Diese bevölkerungspolitisch motivierte Betrachtung, Inpflichtnahme und Diskriminierung der jungen Generation ist falsch, ungerechtfertigt und kurzsichtig." (Bien 2001, S. 5)

Vielleicht ist es übertrieben – wie es der kürzlich verstorbene Frankfurter Soziologe Karl Otto Hondrich getan hat –, den Fall der Geburtenrate als Glücksfall zu bezeichnen. Das Wortspiel jedenfalls ist hübsch. Und die Essenz stimmt: Sie richtet sich gegen jedwede Gebär-Appelle von Politikern, gegen die Natalisten, die sich durch eine Wiederherstellung der alten Bedingungen vor einer Reform der Sozialversicherungen drücken wollen. Und sie bringt zum Ausdruck, dass die Kinderzahl und die daraus resultierende Reproduktionsquote das Ergebnis von millionenfachen freien, oder sagen wir vorsichtig: mehr oder weniger freien Entscheidungen von jungen Paaren ist, Kinder zu haben oder auf Kinder zu verzichten. Das Resultat also eines in den letzten Jahrzehnten erst errungenen Grades der freien Gestaltung der Familie.

Nicht ohne Grund wird die erwerbstätige Generation als Hochleistergeneration bezeichnet. Sie ist in mehrfacher Hinsicht gefordert: Simultan sind Partnerschaft oder Familie, Freundes- und Bekanntenkreis, Broterwerb und Finanzierung der Kinder und Alten zu managen. Und das in immer kürzerer Zeit. Denn die Ausbildungszeiten sind in den letzten Jahrzehnten erheblich gestiegen, auch durch eine höhere Abiturienten- bzw. Maturandenquote und höhere Zahlen an Studierenden an Hochschulen. Das Wort von der „gestauchten Generation" trifft diese Situation exakt.

Wie gerne die Jugendlast gegenüber der Alterslast vergessen geht, soll durch ein Beispiel aus einem anderen Bereich illustriert werden: dem gerade energisch diskutierten Zustrom ausländischer, insbesondere deutscher Arbeitskräfte in die Schweiz. Mit dem Zuzug insbesondere von hochqualifizierten Arbeitskräften, Professoren und Ärzten profitiert die Schweiz, weil sie die Bildungskosten dieser Arbeitskräfte nicht tragen musste, Deutschland also Vorleistungen für die Schweiz erbringt, deren Wert noch niemand berechnet hat. Deutsche lieben die Schweiz. Die Anzahl der Erwerbstätigen deutscher Herkunft hat im Jahr 2007 um zwölf Prozent auf 115 000 zugenommen. Diese Zuwanderer haben den deutschen Steuerzahler viel Geld gekostet, von dem in der Schweiz niemand spricht. Die gleiche Blindheit zeigt sich bei der Rentendiskussion. Die Bildungskosten werden einfach vergessen. Wie auch die in einer Verkürzung der Studien- und Ausbildungsdauer verborgenen Kapazitätsreserven.

Angesichts der jedes Jahr allseits begrüßten erhöhten Ausgaben für Bildung ist endlich auch einmal allen Ernstes und trotz programmierten Aufschreien der Politiker von links bis rechts zu fragen, warum eigentlich jede Erhöhung der Bildungsausgaben fraglos akzeptiert und beklatscht wird und jede zusätzliche Ausgabe für Alte Bauchschmerzen verursacht, wenn doch die Jungen immer weniger werden und die Alten immer mehr. Es herrscht zwar richtigerweise die Meinung, dass für die Zukunft Investitionen in das Humankapital die wichtigsten Investitionen seien. Aber offenbar sitzt das zu fördernde Humankapital nur zwischen den Ohren von 5- bis 25-Jährigen, während die Alten wohl ein Schrumpfhirn haben. Nicht einer zusätzlichen Belastung der erwerbstätigen Generation wird hier das Wort geredet, sondern einer Umverteilung der Belastung. Damit die jungen Alten diese Umverteilung der Belastung mittragen können, also länger im Arbeitsprozess verbleiben, dürfen die Bildungs- und Weiterbildungsausgaben nicht mehr nur den Jungen zugute kommen.

Man mag einwenden, mehr Ausgaben für Alte seien eben unproduktive, ökonomisch gesehen insofern problematische Ausgaben, als sie das Lebensalter erhöhten und damit über kurz oder lang wieder die Alterslast. Differenziert man freilich zwischen unterschiedlichen Altersgruppen, nämlich zwischen 60+, 70+, 80+ etc. (ganz zu schweigen von den 50+, die nicht selten schon den Alten zugeschlagen werden), so stellt sich die Situation völlig anders dar. Dann sind nicht nur die Jungen, sondern auch die jungen Alten das Kapital einer Gesellschaft. Sie werden vergessen in der Klage, die Jungen zahlten für die Alten. Aber in sie muss man investieren, wenn man die Alterslast der aktiven Generation verringern will. Für sie sollte dementsprechend das Rentenalter erhöht oder sogar vollständig nach oben geöffnet werden.

Jedes Jahr werden in der Schweiz, in Deutschland und in Österreich fünf bis zehn Prozent mehr für Bildung ausgegeben. Nach der mittleren Variante der jüngsten Bevölkerungsprognose für Deutschland wird die Zahl der Kinder im Alter von unter 20 Jahren bis zum Jahr 2010 um zehn Prozent (seit 2001) abnehmen. Aber die denkbare Entlastung wird niemanden bewegen, weniger Ausgaben für Bildung zu fordern. Niemand fragt, ob eine solche Erhöhung der Bildungsausgaben notwendig ist angesichts der sinkenden Schüler- und Kinderzahlen. In Deutschland sinkt zwar aufgrund niedrigerer Kinder- und Schülerzahlen seit Mitte der 1990er-Jahre auch der Anteil der Bildungsausgaben am Bruttoinlandsprodukt. Die Pro-Kopf-Ausgaben aber steigen. Und zwar saftig. Gestiegen sind auch die Hochschulausgaben aufgrund der steigenden Studierendenzahlen.

Eine Weiterbildung, die das Schlagwort vom „lebenslangen Lernen" ernst nimmt, muss den Lebenslauf nach oben hin für Weiterbildung öffnen. Die Ausgaben dafür sind in den genannten Ländern vergleichsweise alles in allem verschwindend gering. Die Ausgaben für die Weiterbildung älterer Menschen (einschließlich sogenannter Qualifizierungsoffensiven) tendieren trotz des Engagements entsprechender Organisationen sogar gegen Null. Auf einer jährlich in St. Gallen veranstalteten Bildungsausstellung mit 165 Anbietern und dem unübersehbaren Werbeslogan „Lebenslanges Lernen" fanden sich keine Weiterbildungsangebote für Ältere. „Lebenslang" bedeutet, wie im frühen Mittelalter, bis 45. Obwohl die Menschen alle bald doppelt so alt werden. Gewiss gibt es Seniorenuniversitäten und Altenweiterbildungskurse. Aber sie sind verzettelt, nicht vernetzt, unterstehen einer Vielfalt von Trägern und Einrichtungen und sind oft lediglich freizeitrelevant. Trotz veränderter gesellschaftlicher Rahmenbedingungen fehlt ein Gesamtkonzept.

Es gilt eben nicht nur, Arbeitsplätze für Menschen über 50 und 60 zu erhalten und zu schaffen. Parallel dazu muss die Motivation steigen, länger zu arbeiten. Eine von Arbeitgebern ausdrücklich begrüßte und geförderte dementsprechende Weiterbildung steigert die Selbstsicherheit älterer Mitarbeiter und Mitarbeiterinnen. Und damit die Nachfrage nach verlängerter Erwerbstätigkeit. Die Unternehmen müssen erkennen, dass ihnen ältere Arbeitnehmerinnen und Arbeitnehmer Nutzen bringen. Ältere Menschen in unserer Gesellschaft bergen nicht nur unausgeschöpfte Konsum-, sondern auch unausgeschöpfte Nutzenpotenziale. Die Erschließung dieser Ressourcen würde nicht nur die Rentenproblematik entschärfen.

Der Fall der Geburtenrate ist, ökonomisch gesehen, ein Glücksfall. Denn die Erwerbstätigen im mittleren Lebensabschnitt zahlen für die Alten und für die Jungen. Nur wird das Letztere nie gerechnet. Angesichts der überproportional zum Ausgabenwachstum steigenden Bildungsausgaben und um die Hochleister im mittleren Lebensabschnitt zu entlasten, ist eine neue Verteilung der Bildungsausgaben zu fordern. „Lebenslanges Lernen" heißt lebenslange Ausgaben für Bildung und Weiterbildung. Schließlich sitzt das Humankapital nicht nur zwischen den Ohren von 5- bis 25-Jährigen.

9. Wohngemeinschafts-Träume

Die Wohngemeinschaft, ehedem Kommune genannt, war eine Erfindung der 68er-Generation. Eher verschreckt hat damals der Bürger das Gegenmodell zum kleinbürgerlichen Vorstadtwohnen zur Kenntnis genommen. Nun ist die Wohngemeinschaft rechtzeitig aus ihrem Sponti-Millieu befreit und zeitgemäß umgebaut worden. Der schwellenlose Übergang in die neuen Räume, die Fahrt im komfortablen Lift in die gut beheizten Zimmer der Alterswohngemeinschaft wird medial opulent ins Bild gesetzt und vielerorts als neue Form von sozialer Wärme gefeiert. Vergemeinsamung statt Vereinsamung. Noch einmal basteln die Frühpensionierten dieser Revoluzzer-Generation an einem neuen Gesellschaftsmodell: Miteinander etwas unternehmen statt alleine zu Hause sein.

In der Alten-WG, so darf man mutmaßen, weichen die hitzigen Diskussionen am Küchentisch der Studenten-WG einem ruhigeren Austausch bei einem gepflegten Essen mit gutem Wein. Nicht erst Henning Scherf hat ein instruktives und Mut machendes Buch über Wohngemeinschaften im Alter geschrieben. Seit geraumer Zeit üben Alterswohngemeinschaften und Senioren-Wohngemeinschaften mit altersgerechter Infrastruktur eine Anziehungskraft aus, die nur auf den ersten Blick erstaunlich wirken mag. Mit Doku-Soaps wie „Silver Girls", die von ARTE ausgestrahlt wurde, oder der Schweizer Produktion „Stürlerhaus" ist sie im Reality-TV angekommen. Noch einmal versuchen sie, der Einsamkeit und dem Alleinsein – diesen ständigen Begleitern jedes Lebens – den Garaus zu machen.

Dementsprechend gibt es zahlreiche kommerzielle Anbieter von Alterswohnungen und -gemeinschaften. Es gibt jede Menge Treffer, wenn man das Wort „Altenwohngemeinschaft" in Google eingibt. Und auch wenn die Zahl der Nutzer weiterhin gering ist, werden überall Altersheime, die Wohn- und Lebensgemeinschaften für Seniorinnen und Senioren führen, angeboten. Auch das Angebot an Seniorenresidenzen und Seniorenhausgemeinschaften ist groß, die Zahl der Nutzer auch dort hingegen weiterhin bescheiden. In der Schweiz, Deutschland und Österreich lebt nur ein kleiner Teil der Alten in Alterswohn- und Altershausgemeinschaften. Alters- und Pflegeheime sind und bleiben für viele Notlösungen.

Die meisten Menschen bleiben, so lange sie können, in den eigenen vier Wänden. Auch wenn sie pflegebedürftig sind. Zwei Drittel der über 85-jährigen Pflegebedürftigen werden in Deutschland zu Hause gepflegt, ein Drittel in Institutionen. Und für diejenigen, die zu Hause gepflegt werden, übernehmen die Pflege zu fast 70 Prozent ausschließlich Familienangehörige. Erfahrungen aus skandinavischen Ländern zeigen, dass ein gut ausgebautes Angebot an Krankenhaus-externen Diensten die in der Familie erbrachten Pflegeleistungen nicht senkt, sondern steigert. In Ländern hingegen, in denen die Familien eine sehr hohe Pflegeleistung ohne Hilfe von externen Hilfsdiensten erbringen, sinkt die Bereitschaft zur häuslichen Pflege. Dies ist zum Beispiel in Südeuropa der Fall – in Ländern, die bei Demografie-Nostalgikern geradezu als Geburtsstätten von Familienzusammenhalt und Familiensinn herhalten müssen.

Nichts beeinflusst die Wohnform der Alten so sehr wie deren gesundheitlicher Zustand. Mit sinkendem gesundheitlichen Wohlbefinden wird die Frage „Wie kann ich im Alter wohnen?“ drängender. Der überwiegende Teil der Rentner lebt wohlgemut weiter in Eigenheimen oder Eigentumswohnungen und möchte auch weiterhin dort wohnen bleiben. Einige verfügen bis ins hohe Alter über zwei Wohnorte. Freunde von uns pendeln gar zwischen drei Orten, und das gerne. Die Mehrheit der in Eigentum lebenden Rentner lebt seit Jahrzehnten in Wohnungen, deren Wohnstandard im Allgemeinen hoch ist.

Was besagt das? Wer eine Wohnung oder ein Haus besitzt, ist, so die Befragungen, durchwegs zufriedener mit seiner Wohnsituation. Deshalb muss man sich fragen, ob es nicht besser wäre, die Erreichbarkeit unter Freunden zu erhöhen und die Kommunikation und die sozialen Beziehungen über andere Mittel zu stärken als über das räumliche Zusammensein. Wie im Vergrößerungsglas stellen sich die aus der räumlichen Nähe resultierenden Probleme ja im Altenheim dar, in dem eine Altengemeinschaft „unfreiwillig“ zusammenlebt, auch wenn die Bewohner vielleicht freiwillig eingetreten sind. Man trifft Bekannte, die man schon früher nicht „riechen“ konnte, und wird zum Essen und Häkeln an Tische gesetzt, die man freiwillig nie wählen würde.

Demgegenüber sehen die Alterswohnprojekte zum selbstbestimmten Wohnen neben der Grundreinigung, dem Besorgen der Bett- und Haushaltswäsche, den Hauptmahlzeiten und hausinternem Notrufdienst eben „Selbstbestimmung“ vor. Und Selbstbestimmung kann auch bedeuten, dass man sich von bislang geltenden Normvorstellungen verabschiedet. Was heißt Sauberkeit? Was gesunde Ernährung? Wie viele Sozialkontakte braucht jemand? Und Selbstbestimmung kann bedeuten, dass jemand bis zuletzt dort wohnen bleibt, wo er schon immer lebte.

Da wohnt eine über 90-jährige Frau allein in ihrer zu großen Wohnung in St. Gallen. Ein Krankenhausaufenthalt stellt ihre Wohnform in Frage, sie wird vorübergehend in einem Pflegeheim betreut. Die Frau stemmt sich aber mit aller Kraft gegen eine unwiderrufliche Heimeinweisung und zieht nach ihrer Genesung wieder zurück in ihre Wohnung. Als später ein Pflegedienstmitarbeiter die Frau zu Hause besucht, dämpfen dunkle Teppiche seine Schritte; schwere, speckige Vorhänge verweigern dem Licht den Zutritt. Der Geruch eines langen, alten Lebens liegt über allem. Puppen gruppieren sich auf Häkeldecken, ihre Blicke sind ermattet. Der Mitarbeiter war nur gekommen, um die Medikation der Frau zu überwachen. „Vielleicht muss man sich von der klischeehaften Vorstellung vom Leben im Alter, von Sauberkeit und Alltagsgestaltung verabschieden", sagt er, als er die Wohnung verlässt. Solange die Frau in ihren vier Wänden glücklich sei, sie ihre Medikamente regelmäßig nehme, nicht wirklich verwahrlose, könne und dürfe wohl gegen diese Art selbstbestimmten Wohnens nichts eingewendet werden.

Selbstbestimmung bedeutet eben auch, dass die „perfekte" Wohnform im Alter noch etwas anderes als medizinische und soziale Rundumbetreuung bedeuten kann. „Von meiner 4-Zimmer-Wohnung mitten in Hamburg zog ich in ein Zimmer im Heim weit draußen“, schreibt Carola Heldt, ehemalige Chefredakteurin von „Cosmopolitan“, im Magazin der „Süddeutschen Zeitung“ über das Alter. „Nach zehn Monaten bin ich wieder in die Stadt zurück. Nicht wegen der unerträglichen Zustände, nicht wegen der Pfleger, im Gegenteil. (...) Nein, ich wollte das Heim verlassen, weil meine Freunde in der Stadt, ich aber draußen wohnte, weil man sich im Alter bewegen soll, aber nicht allein auf geharkten Spazierwegen, die kein Ziel haben, (...) weil man auf diesen Wegen nur alte Menschen mit ihren Rollwagen sieht, weil man in einer surrealen Welt lebt.“

Die Gründe für die Übersiedlung in Altenheime sind bekannt: Man kann das Haus nicht mehr sauberhalten, nicht mehr selbst einkaufen, man fühlt sich schwach und verletzlich und hat demzufolge Angst bei Dunkelheit, Angst auch vor Einbrüchen. Angst vor dem Alleinsein ist in der Regel kein Grund für den Umzug ins Heim. Und im Gegensatz zu den Werbebotschaften der Alters-WGs weist das Zusammenleben mit anderen Menschen überraschenderweise für viele eine eher geringe Priorität auf. Es wird weniger stark gewichtet. Im Durchschnitt leben die Menschen sogar lieber mit Haustieren zusammen als mit anderen Hausbewohnern. Von den allein lebenden Menschen erachten fast achtzig Prozent ein Zusammenleben mit anderen Menschen als wenig wichtig.

Viele ziehen ein Leben mit anderen Generationen einem Leben unter ihresgleichen vor. Im Hausflur in einem Mehrfamilienhaus am Stadtrand von St. Gallen war es oft totenstill. Kein Mucks, kein Laut. Die einen waren bei der Arbeit, die anderen pensioniert. Als die größte Wohnung im Haus von einer Familie mit Kindern bezogen wurde, konstatierte eine ältere Hausbewohnerin: „Endlich Leben". Nun breitet sich der Soundteppich eines Familienalltags im Hausflur aus. Auf der Wiese hört man die Kinder nach der Katze rufen oder bei Schnee mit viel Getöse einen Schneemann bauen. Seit der älteste Mann im Haus ein oder zwei Mal die Kinder beim Spielen beobachtete, erzählt er ab und zu von früher, von seiner Arbeit und seinen Kindern und wie das alles war. Er fragt die Kinder nach ihren Plänen und erinnert sich an sein eigenes Drängen und Wollen, an die Flausen und Träume.

Vielleicht fühlen sich die Älteren durch das Familien-Gewusel ab und zu in ihrer Ruhe gestört. Aber sie können und wollen nochmals Anteil nehmen am Leben derer, die erst in den Startlöchern stehen, wollen vielleicht von deren ansteckender Vitalität etwas abbekommen, das heitere Durcheinander dieser Lebensanfänger spüren. So wenig wie die älteren Menschen in diesem Haus sich ein Leben mit Kindern nochmals vorstellen wollen, so wenig wünschen sie sich das krasse Gegenteil. Keine Alterswohngemeinschaften bitte, keine Ghettos. „Zusammen alleine wohnen" laute das Stichwort der Zukunft, erklärt Altersforscher François Höpflinger in einem Interview der „Neuen Zürcher Zeitung" (3.3.2008). Man will alleine wohnen, aber auf soziale Strukturen nicht verzichten und auf Hilfestellungen und Begegnungsmöglichkeiten zurückgreifen können. Mit einer „Fünfer-und-Weggli-Mentalität", die sich nicht entscheiden kann und alles ohne Abstriche und gleichzeitig haben will, hat dieser Wunsch nichts zu tun, sondern ist ein selbstverständliches Bedürfnis.

Warum ist die Altenwohngemeinschaft allen idyllischen Vorstellungen zum Trotz wenig erwünscht? Ziemlich sicher hat das auch damit zu tun, dass die meisten älteren Menschen nicht unverabredet und unvorbereitet auf andere treffen wollen. Je älter sie werden, umso weniger. Während die Jungen einen, übertrieben gesagt, in der Unterwäsche empfangen, bauen sich im Alter selbstverständlich mit dem Schwund der Körperkräfte und -funktionen verbundene Geniertheiten und Vorsichtigkeiten auf. Man zeigt sich und seine kleinen Unstimmigkeiten nicht gerne her. Man ist froh, wenn kein Spontanbesuch klingelt. Man lässt das Übernachten bei Freunden und quartiert sich im Hotel ein. Man wird im Alter nicht nur eitler, sondern man achtet auch mehr auf sich.

Ein Zusammentreffen mit Freunden im Badezimmer, das außerdem perfekt auszusehen hätte, wäre nicht lustig, sondern peinlich. Etwa ebenso peinlich wie früher das unverhoffte Zusammentreffen mit Freunden der Kinder nach Mitternacht auf dem Weg zur Toilette. Und während bei den Jungen gelegentlich nach einem Open-Air oder einer Party ganze Heerscharen im Zimmer herumliegen, darf im Alter eigentlich nur noch der Briefträger unangemeldet kommen.

Eine Altenwohngemeinschaft komme für sie nicht in Frage, weil sie ständig das Gefühl hätte, sie müsse mit allen noch eine Viertelstunde sprechen, findet die alleinstehende welterfahrene Inge Manser in der Zürichsee Zeitung vom 16.10.2007. Gemeinschaft kann auch einen Zwang ausüben, und die Wohngemeinschaft verstärkt und institutionalisiert ihn. Der sogenannte Gemeinschaftsraum mit Fernsehen und Billardtisch ist Ausdruck dafür. Und was dann, wenn niemand mehr dorthin geht oder wenn man allein fernsieht? Die Vorbehalte gegenüber gemeinschaftlichem Wohnen sind noch anderer, prinzipieller Natur. Je älter man wird, desto weniger ist man geneigt, vorbehaltlose Aufrichtigkeit an den Tag zu legen. Nicht nur, was das Äußere, sondern auch, was das Innere, die Gedanken, betrifft. Selbstoffenbarungen werden im Alter schwerer erträglich und sind manchmal gleichzeitig schwer zu vermeiden.

Scherzhaft, aber mit einer realistischen Prise gewürzt, haben Peter und seine Frau – nahe daran, am Urlaubsort ihrer Freunde Kurt und Paola ebenfalls eine Ferienwohnung zu ergattern – den Freunden versprochen, sich in den Ferien so abzusprechen, dass jeweils nur das eine oder das andere Paar anwesend sein würde. Sonst würde sich immer die Frage stellen, wann und wo man sich treffen müsste. Und nach drei ohne Feedback verstrichenen Tagen hätte man ein schlechtes Gewissen. Man mag sich so, dass man in der Gegenseitigkeit vorsichtig und zurückhaltend bleibt. Gerade weil man sich sehr schätzt, will man sich nicht zu nahe kommen.

Dem Zwang zur Gemeinschaft muss die Möglichkeit zum Alleinsein gegenübergestellt sein. Auch der Generationenzusammenhalt ist heute nicht deshalb so gut, weil wir räumlich eng beieinander leben. Im Gegenteil. Diese Nähe ist erst durch die räumliche Distanz möglich geworden. Wer nicht vergessen hat, wie die „gute alte Zeit“ wirklich war, erinnert sich, dass zu große räumliche Nähe und großfamiliale Sippschaften vor allem auch Räume für endlose Konflikte und Streitereien darstellten. Sie erzeugten nicht Nähe, sondern Enge – auch in den Herzen.

In der soziologischen Literatur ist seit der vorletzten Jahrhundertwende häufig die Gemeinschaft der Gesellschaft gegenübergestellt und die Vergemeinschaftung als eine dem Herzen nähere Form des Zusammenseins betrachtet worden. Heute tritt mit Wucht das Subjekt, der Einzelne, der Single auf den Plan. Nun wird dieser Einzelne der Gemeinschaft gegenübergestellt. Sicher, unsere Zeit trägt schwer an dieser Ausgeburt des 18. Jahrhunderts, den das 19. zur vollen Blüte gebracht hat (so Hugo von Hoffmansthal zum Aufstieg des Subjekts in der modernen Gesellschaft). Trotzdem bedeutet dieser Wechsel vom Kollektiv zum Individuum nicht automatisch Einsamkeit. Die Gesellschaft hat mittlerweile nämlich allerhand unternommen, um das Alleinsein erträglich zu machen: Telefone, Rundfunk, Fernsehen, Kühlschränke. Und die Gemeinschaften haben sich endlos ausdifferenziert. In Kleingemeinschaften – Lebens-, Arbeits- und Wohngemeinschaften, Betriebs-, Fahr- und Spielgemeinschaften.

Dass das Subjekt als Schutzmittel für seine Autonomie die Distanz, die Privatheit braucht und die Befürwortung von Nähe, Aufrichtigkeit, Unverhülltheit und rückhaltloser Teilung des Lebens und seiner Ansichten indes von einem Konflikt in den anderen stürzt, sei nur nebenbei erwähnt. Das gilt für Eltern, Kinder, Geschwister gleichermaßen. Gegenseitigkeit und Liebe erfordern Distanz, Zurückhaltung, Einhalten der Privatsphäre. Schließlich gibt es auch eine Präventivwirkung des Nichtwissens und eine Art schützenden doppelten Boden. Nur genügend Distanz bringt genügend Respekt und die Einhaltung der Würde des Einzelnen.

Vor kurzem hat Peter seiner 96-jährigen Mutter ein Buch von Jonathan Franzen geschenkt, das den Titel „Anleitung zum Einsamsein" trägt. Insbesondere wegen der letzten Geschichte darin („Besuchen Sie mich in St. Louis"), in der der Autor vom Aufräumen der Wohnung seiner im Krankenhaus liegenden Mutter berichtet. „Da ist zum Beispiel das Glasschälchen mit Büchsenerbsen, das ich beim letzten Krankenhausaufenthalt meiner Mutter im Kühlschrank fand ... Im obersten Fach lag nur ein Liter Milch, eine winzige Büchse mit Erbsen, mit Folie zugedeckt, und neben dieser Büchse das Schälchen mit einem Löffel voll Erbsen. Ich musste mir ausmalen, wie meine Mutter sich, allein im Haus, zwingen wollte, etwas zu essen, irgendetwas, einen Happen Erbsen, und es nicht über sich brachte. Sparsam und optimistisch, wie sie war, hatte sie die Büchse und das Schälchen in den Kühlschrank gestellt. Für den Fall, dass ihr Appetit zurückkehrte." Man ist im Alter in einer merkwürdigen Weise den Dingen näher.

Der Titel „Anleitung zum Einsamsein" war natürlich ein Affront für Peters Mutter. Anleitung zum Einsamsein? Er hat mit ihr darüber reden müssen. Angesichts der ungezählten Besuche, die sie als Mutter von neun Kindern und noch einmal so vielen Enkelkindern und nun schon Urenkelkindern mitsamt Anhang erhält, ist das Thema für sie eher abwegiger Natur. Sie ist, und gesteht das auch ein, manchmal froh, wenn sie wieder einmal einen Tag alleine ist. Aber sie bemitleidet doch jene, die tagaus, tagein und manchmal jahraus, jahrein keinen Besuch erhalten. Für sie wäre eine Anleitung zum Einsamsein eine Gemeinheit. Und ein Buch, das die Vorzüge des Alleinseins preist, ziemlich daneben.

Hans Eckehard Bahr hat sich über die Chancen des Alleinseins geäußert. Er unterscheidet scharf zwischen „Alleinsein" und „Einsamsein". Alleinsein heißt frei leben und eröffnet neue und ungeahnte Möglichkeiten. Es ist hart, aber wahr: Auch der Tod eines Partners kann solche Freiheit eröffnen. Alleinsein heißt Abwesenheit von Forderungen anderer. Alleinsein muss man sich nicht selten erkämpfen. Unerreichbar zu sein, wie Miriam Meckel in ihrem instruktiven Buch mit dem Titel „Das Glück der Unerreichbarkeit" schreibt, ist ein Zustand, den man sich erkämpfen muss. So sind Unerreichbarkeit und Alleinsein auch nicht dasselbe wie Einsamkeit. Einsamkeit ist, wenn man erreichbar ist, wenn man über einen Briefkasten, eine Klingel an der Tür, ein E-Mail-Konto, ein Handy und einen Anrufbeantworter verfügt, aber niemand sich meldet. Wenn es niemanden interessiert, wie es einem geht, was man tut, ob man einsam ist. Obwohl es schwerfällt, bei einer Weltbevölkerung von über sechs Milliarden zu denken, dass jemand einsam sein könnte, sind viele Menschen mitten unter den Menschen einsam.

Das betrifft vor allem auch alte Menschen. Alle Jahre wieder tauchen in den Spalten der Zeitungen Schrecken erregende Fälle von Einsamkeit auf. Menschen, deren Tod über Monate oder Jahre hinweg niemand bemerkt hat, deren körperlichem Tod der soziale Tod vorausging. Menschen, die – ein Ausdruck von Miriam Meckel – in ein Funkloch gefallen sind, ein Loch, in dem man sie weder hört noch sieht. Und aus dem sie nicht mehr herausgekommen sind. Dieses Loch, besser diese Falltür, öffnet sich vor allem alten Menschen. Nicht nur, weil die Freunde und Bekannten wegsterben, die älter sind. Und nicht nur, weil immer mehr Menschen kinderlos sind. Sondern weil die Einsamkeit nicht ernst genommen, mit ihr nicht gerechnet - und weil ihr auch kein Sinn abgewonnen wird. Einsamkeit, sogar verzweifelte, in ein produktives Alleinsein verwandeln zu können, ist das nicht etwas, was die Menschen lernen müssen?

Was deshalb und weil die Menschen das Wohnen in den eigenen vier Wänden allen anderen Angeboten zum Trotz favorisieren, nottut, ist nicht in erster Linie die Einrichtung von Altenwohngemeinschaften, sondern eine Erhöhung der Mobilität zwischen befreundeten Menschen, die Planung und Realisierung von gemeinsamen Ausflügen und Ferien und das Sich-vertraut-Machen mit einem betreuten Wohnen in den eigenen vier Wänden. So findet man eventuell das, was Henning Scherf in seiner ursprünglichen Vorstellung einer Altenwohngemeinschaft eigentlich realisieren wollte: ein Mehrgenerationenhaus, vielleicht mit Bibliothek und Gemeinschaftsküche. So dass alte und junge Leben sich ab und zu begegnen – erfahrene und unerfahrene, überhitzte und wohltemperierte. So dass auch die gesunde Distanz nicht ständig in mühsamen Diskussionen ausgehandelt werden muss, sondern selbstverständlich und ohne lange Absprachen und Erklärungen in Anspruch genommen werden kann.

So entsteht Nähe – und nicht Enge. Dass man dabei mal das Alleinsein wählt und sich dann doch nicht wohl fühlt, wird so sicher eintreffen wie das Amen in der Kirche. Dasselbe gilt für das Zusammensein. Einsamkeit, Alleinsein oder erzwungene Gemeinschaft werden bleiben, ein Leben lang. Wer alt werden will, muss auch damit leben können.

■

Die meisten Menschen bleiben, so lange sie können, in den eigenen vier Wänden. Auch wenn sie pflegebedürftig sind. Und im Gegensatz zu den Werbebotschaften der Alters-WGs weist das Zusammenleben mit anderen Menschen überraschenderweise für viele eine eher geringe Priorität auf. Was folgt daraus? Dass es eine Erhöhung der Mobilität zwischen befreundeten Menschen braucht, die Planung und Realisierung von gemeinsamen Ausflügen und Ferien und das Sich-vertraut-Machen mit einem betreuten Wohnen in den eigenen vier Wänden.

10. Geordneter Rückzug

„Ich habe keine Angst vor dem Alter. Ich bin neugierig, was es mit mir anstellt." Dieser schöne und profunde Satz von Henning Scherf, geäußert in einer Talkshow, hat indes seine Tücken. Nicht nur insofern, als furchterregend sein kann, was andere mit uns anstellen oder anstellen wollen, wenn wir uns nicht mehr selbst helfen können. Fröhlich in den Tag hinein- und auf das Alter zuzuleben – können und wollen wir das wirklich?

In Rob Reiners Film „Das Beste kommt zum Schluss" (Originaltitel: „The Bucket List") teilen sich der sterbenskranke Milliardär Edward Cole (gespielt von Jack Nicholson) und der Mechaniker Carter Chambers (gespielt von Morgan Freeman) das Krankenhauszimmer. Bei aller Unterschiedlichkeit eint sie der Befund, innerhalb von sechs Monaten sterben zu müssen. Der Milliardär will seinem neuen Freund einen letzten Trip rund um die Welt finanzieren. Mit im Gepäck ist deshalb eine Liste all der Dinge, die Carter schon immer einmal erleben wollte. Fallschirmspringen, sich tätowieren lassen, mit einem Motorrad die Chinesische Mauer befahren, schöne Frauen haben und Ähnliches mehr. Abgesehen davon, dass der Film die Krankheit der beiden Protagonisten verniedlicht und den Tod zu operettenhaft darstellt, ist die Vorstellung, im Alter einmal das tun zu können, was man immer schon tun wollte, natürlich verheerend. Man kann sich nicht einfach zurückerobern, was man als jüngerer Mensch verpasst hat. Mit den letzten Pinselstrichen lässt sich ein verpasstes oder verpfuschtes Leben nicht retten. Die Träume, die die sterbenskranken Zimmergenossen in „The Bucket List" träumen, sind Träume für Junge – Fallschirmspringen kann im Alter für die morschen Knochen in der Regel kein Wunschtraum, sondern nur ein Schrecken sein.

Auf der anderen Seite gibt es freilich Dinge, die in der Tat geplant werden sollten, wenn nötig auch mit einer Liste. Weil sich das Leben nicht immer an unsere Pläne hält, wie der Schweizer Versicherer „Swiss Life" in ganzseitigen Inseraten mitteilt. Wer „nie gedacht hat, dass er einmal die Pensionierung seines Sohnes erlebt" (ebenfalls „Swiss Life"), muss sich für doch einige Eventualitäten vorsehen. Was aber unternehmen? Denn unglücklich machen sich doch auch jene, die meinen, ihr Alter systematisch managen und planen zu können. „Wenn ich einmal alt bin, dann..." ...Ja, dann tritt oft nicht das ein, was man sich damals vorstellte. So kann weder systematisches Management noch zu viel „Geschehenlassen" eine tragfähige Antwort sein.

In einem klösterlichen Refektorium haben wir gemeinsam mit Freunden vor Jahren ein schönes und instruktives Buch mit dem Titel „Wu wei. Die Lebenskunst des TAO" diskutiert. Merkwürdig: Die Älteren unter uns können den darin vertretenen Thesen, nämlich eine Art Nichthandeln und Nichtmanagen zu erlernen, einigen Geschmack abgewinnen. Die Jüngeren empfehlen demgegenüber ein, wie sie es nennen, „proaktives Verhalten". Gerne erinnert man sich in diesem Zusammenhang einer Führungsregel des Management-Theoretikers Fredmund Malik, die sinngemäß lautet: Bevor man sich ans

Managen mache, sei es nützlich, sich zu überlegen, was man nicht managen könne. Die Jüngeren voller Tatendrang und Neugierde werden damit sicher Schwierigkeiten bekunden. Gehört ein gewisser Aktivismus doch naturgemäß zur ersten Lebenshälfte. Es sind aber auch die Älteren, die den Jungen mit gut gemeinten Ratschlägen einbläuen, dass Stillstand Rückschritt bedeute. Handeln durch Nichthandeln, durch Geschehenlassen, durch Abwarten – diese schöne und uralte taoistische Weisheit mag klug sein, sie gilt in unserer Welt aber oft als komplett überholt, langweilig und vor allem wenig erfolgversprechend.

Für die Kinder jedenfalls beginnt das Leben mit Überschüssen an Wollen und an Neugierde. Die lauthals geforderte Anpassung an flexible Lebens- und Arbeitsformen erfordert von früh bis spät Management – in allen Lebensbereichen. Management der Ausbildung, der Arbeit und der Karriere und immer mehr auch das Management der Beziehungen und der Netzwerke. In nicht allzu ferner Zukunft würden wir unsere Beziehungen verstärkt nach dem Gesichtspunkt der Nützlichkeit gestalten, prognostizierte kürzlich das Trendbüro Hamburg. Unsere Bekanntschaften werden in Kategorien eingeteilt und je nach Nützlichkeit mit unterschiedlicher Intensität bewirtschaftet: Wer bringt mir was? Und was ist vergebliche Liebesmüh?

Netzwerke sind für berufliches Vorankommen unerlässlich, aber tausend Bekanntschaften ersetzen keine einzige echte Freundschaft. Diese Binsenweisheit ist zwar ebenfalls alt, aber wie „Wu wei“ im modernen, stressigen Leben kaum konkurrenzfähig. Dennoch: Nur Bekanntschaften zu managen und keine Freundschaften zu pflegen kann gerade im Alter zu Einsamkeit führen. So geben immer mehr Menschen in Umfragen an, einsam zu sein. Die europäischen Großstädte weisen häufig über ein Drittel, teilweise, wie in Basel, über 50 Prozent Single-Haushalte aus. Rund 12 Prozent der Erwachsenen haben keinen festen Lebenspartner.

Das hat gravierende Folgen im Alter, wo das Beziehungsnetz ganz entscheidend für das physische und psychische Wohlergehen ist. Einsame Herzen sind kranke Herzen. Singles haben, so eine neue dänische Studie, ein vierfach erhöhtes Risiko, einen plötzlichen Herztod zu sterben. Die älteren Menschen ängstigen sich freilich, so eine Allensbach-Studie (2005), weniger vor der Einsamkeit als unter 65-Jährige. Lediglich 21 Prozent der über 65-Jährigen erklärten in einer repräsentativen Studie, sie hätten Angst, später einsam zu sein. Bei den Jüngeren ist aus nahe liegenden Gründen diese Angst größer, können sie doch aufgrund der geringeren Kinderzahl und erhöhter Mobilität nicht auf jene verwandtschaftlichen Netzwerke zurückgreifen, die für ihre Eltern und Großeltern noch typisch waren.

Werden wir gemeinsam einsam?, fragt das Trendbüro Hamburg deshalb nicht ohne Grund und schreibt: „In der heutigen Netzwerkgesellschaft scheint die Qualität sozialer Beziehungen zu Lasten der Quantität zu gehen. Bekanntschaften nehmen zwar zu, die Zahl der ‚echten Freunde‘ nimmt gleichzeitig ab." „Bowling alone" heißt in Anlehnung an die beliebte amerikanische Freizeitbeschäftigung und an den gleichnamigen umstrittenen Bestseller des Harvard-Professors Robert D. Putnam in Amerika das Phänomen, wenn Menschen immer weniger tragfähige Kontakte knüpfen und das Spiel des Lebens zunehmend alleine spielen.

Ob das Gefühl von Einsamkeit ausreicht, um von echter Einsamkeit zu sprechen, soll hier nicht weiter ausgeführt werden. Ebensowenig die Einsamkeit zu zweit. Jedenfalls scheint die Einsamkeit, und zwar die ungewollte, kein typisches Altersproblem zu sein. Einsam sind eher die Jungen. Unisono geben ältere Menschen an, das Wichtigste im Leben sei, eine Vertrauensperson an seiner Seite zu haben. Und viele haben sie auch. Nicht die Einsamkeit ist es, die belastet. Es ist vielleicht eher eine Art Sprachlosigkeit und Scham, mit der über die Dinge des Alters und Alterns hinweggeblickt wird. Dinge, die einen geordneten Rückzug dann so schwierig machen. Plötzlich ist man alt und findet keine Sprache dafür. Man gesteht sich die Veränderung im Wollen und Können vielleicht nicht ein. Kürzlich erzählte eine alte, alleinstehende Dame beim Friseur, dass es sie sehr belaste, wenn so viele Menschen um sie herum stürben. „Vor zwei Tagen saß eine Frau noch bei mir am Tisch, jetzt ist sie tot. Einfach weg."

Wenn alte Menschen alleine am Tisch speisen, sind sie noch nicht einsam. Sie sind einsam, wenn sie die aufsteigenden Ängste beim Gedanken an den Tod verschweigen müssen, wenn die Ausgestaltung des geordneten Rückzugs mit niemandem besprochen und das Loslassen mit niemandem diskutiert werden kann. Neugierig darauf zu sein, was das Alter mit einem anstellt, dagegen lässt sich wenig einwenden. Neugierde ist auch ein Elixier des Alters. Aber die Veränderungen des Alterns unausgesprochen und unreflektiert lassen zu müssen, das lastet schwer. Das bewirkt Einsamkeit, auch Einsamkeit innerhalb der Gemeinschaft, Einsamkeit in der Zweisamkeit.

Diese Veränderungen vortrefflich thematisiert hat das schon erwähnte Magazin der „Süddeutschen Zeitung“ vom 23. November 2007: „Fühlt man sich im Ruhestand nutzlos? Wie wichtig ist im Alter das Aussehen? Entwickelt man sich mit den Jahren zum Reaktionär? Macht das Alter maßlos? Wie wird es sich anfühlen, an früher zu denken? Was kann man tun, um im Alter nicht müde zu werden? Was tun, wenn man nicht ins Altersheim will? Wie geht man mit Krankheit um? Was verändert sich im Alter überhaupt nicht? Macht es melancholisch, plötzlich Opa zu sein?“ Die ehemaligen Journalistinnen und Journalisten bieten auf diese zehn scheinbar banalen Fragen eindrückliche Antworten. Es sind sehr persönliche und keineswegs einfache Antworten. Aber Gedanken, mit deren Hilfe die Leser das tun können, was ihnen vielleicht in ihrem Umfeld sonst fehlt: sich auseinandersetzen, nachdenken und reflektieren.

Der geordnete Rückzug in einer alternden Gesellschaft muss von mehr begleitet werden als von Aufrufen zu Anti-Aging-Programmen und Werbeprospekten für Florida-Residenzen oder optimale Anlage-Portfolios. Er sollte auch nicht mit Aktivismus und zwanghaftem Positivismus besetzt werden, sondern mit einer gemächlichen Auseinandersetzung mit dem Unausweichlichen. Das meint „Wu wei“, das bedeutet geordneter Rückzug. Und das unausweichliche Altern beginnt nicht erst mit 60. Man ist mit 40 nicht mehr wie mit 20 und mit 70 nicht wie mit 30.

Der Drang, immer weiterzugehen, wie auch die Erwartungen an die Zukunft schwinden. Die Erwartung streckt die Zeit, das Bescheidwissen zieht sie zusammen, so Romano Guardini in seinen vor einem halben Jahrhundert erschienenen vortrefflichen Gedanken über die Lebensalter. Die Dinge werden gleichsam dünner, zerbrechlicher, vergänglicher. Wer sich jetzt nicht im „Wu wei", im Loslassen übt, sondern sich heftig an alles klammert, was ihm bislang etwas bedeutete, wird sich mit dem Altern schwertun. Seniler Eigensinn, Verarmungswahn und Altersgeiz sind Versuchungen der letzten Lebensphase, gegen die man sich wehren muss.

„Wu wei" heißt deshalb nicht kapitulieren, sondern Überflüssiges, Störendes loswerden. Die Energie, die notwendig ist, um das Wesentliche vom Unwesentlichen zu scheiden, bringen nicht alle auf. Man versucht, sich an jedem eroberten Strohhalm festzuklammern. Das wird immer schwerer, denn im Alter muss man mehr tun, um das Gleiche zu erreichen wie in der Jugend. Alles, außer dem Denken, wird etwas mühsamer. Was es zu lernen gilt, ist, nicht einfach neugierig zu warten, was das Alter mit einem anstellt. Es gilt, einen geordneten Rückzug anzutreten. „Geordneter Rückzug" ist ein nicht nur im Militär gebräuchlicher Ausdruck. Schwarmfische etwa fliehen bei Gefahr keineswegs in wilder Panik, sondern in einer festgelegten Ordnung.

Im Bundesland Brandenburg sind in bestimmten Regionen 20 bis 40 Prozent der Einwohner verschwunden. Für die Kommunen ist geordneter Rückzug angesagt. Einige Teile Brandenburgs werden ein freundliches Habitat, wo sich Fuchs und Hase gute Nacht sagen und einige Ökobauern Spargel und Obst verkaufen. Und die katholische wie auch die evangelische Kirche haben angesichts der leeren Kirchenbänke Leitfäden entwickelt, wie ihr geordneter Rückzug aussehen könnte.

In einer sehr persönlichen, tröstlichen, manchmal auch traurig machenden, leider nicht veröffentlichten Schrift über „gelingendes Altsein" von Walter Schiesser wird der verstorbene italienische Philosoph Norberto Bobbio mit dem Satz zitiert: „Der Abstieg ist unaufhaltsam und, was schlimmer ist, unumkehrbar. Du steigst jedes Mal um eine kleine Stufe herab, doch sobald du den Fuß auf eine tiefere Stufe gesetzt hast, weißt du, dass du nicht mehr auf die höhere zurückkehren wirst. Wie viele es noch sind, weiß ich nicht. Über eines herrscht jedoch kein Zweifel: Es werden immer weniger." Aber Walter Schiesser fügt hinzu, dass zwischen einem Neupensionierten und einem Greis an der Schwelle des Todes eine ähnlich weite Kluft besteht wie zwischen einem Neugeborenen und einem Zwanzigjährigen.

Gerade wenn man den Lebensbogen als ganzen im Auge behält, wie dies Walter Schiesser fordert, wird deutlich, dass dieser mit und durch das Altern immer bestimmender wird und in vieler Hinsicht neue Fragen und Herausforderungen in den Vordergrund treten. Das Leben wird, nicht nur durch die zunehmend spürbare Nähe des Todes, dichter und kostbarer.

Der österreichische Psychiater Viktor E. Frankl spricht vom Gesetz der entgegengesetzten Daseinskurven. Ein schöner Gedanke. Der Lebensbogen ist dieser Vorstellung gemäß kein Aufsteigen zu einem Höhepunkt und Absinken zum Vergehen und zum Tod, sondern weist sowohl steigende wie fallende Linien auf. So gibt es in unserer stressigen und fordernden Zeit nicht wenige Menschen, die erst mit der Pensionierung die Literatur und die Musik entdecken. Die in der Mitte des Lebens nie Zeit fanden, ein Buch in die Hand zu nehmen – allenfalls die Zeitung oder die Fernsehbedienung. Und große Religionen wie das Christentum erachten das Lebensende und den Tod als den Höhepunkt des Lebens. Das heißt: Neues und Spannendes steht noch bevor.

Das Altern bietet mehr Zeit für vieles, was man bislang verschieben musste. Nicht unbedingt Zeit für Kindereien, wie in Rob Reiners schon erwähntem Film „Das Beste kommt zum Schluss“. Sondern Zeit für die Familie, für die Freundschaften, fürs Theater, für Museen. Auch Zeit zum Nachdenken. Leider lässt sich vieles, was man sich aufgehoben und hinausgeschoben hat, nicht mehr nachholen. Und leider haben zu viele ältere Menschen, weil sie dauernd in Zeitnot und Karrierestress waren, wenige Freundschaften und keine Kinder. Kinder sind, wie ein Sprichwort sagt, ein Glück im Alter, aber auch ein Mittel, es schneller zu erreichen.

Gerade in der mittleren Lebensphase, gemeinhin als Höhepunkt des Lebensbogens gesehen, neigt man zum Vergessen essentieller und lebenswichtiger Fragen. Und stirbt, vergessen und womöglich allein und wird allein, ohne Bekannte oder

Freunde, zu Grabe getragen. Das Vergessen der Befristung des Lebens, das Hinausschieben von dringlichen Aufgaben geschieht auch aus der Not heraus, Prioritäten setzen zu müssen, um die verfügbaren Kräfte nicht zu vergeuden. Da sind die Kinder gerade in der schwierigen Berufsfindungsphase, belasten ihr Umfeld mit pubertären Lümmeleien und bedürfen intensiver Begleitung, beruflich übernimmt man vielleicht mehr Verantwortung denn je zuvor und in der Partnerschaft fragt man sich: Und was jetzt? Das mittlere Alter – und das war früher keineswegs anders – ist geprägt vom Bild auf dem Sofa liegender, erschöpfter Menschen. Wenig Beziehungspflege, kaum Kontakte außerhalb von Familie und Beruf. Die Energie fehlt. Und eine erste Lebens-Müdigkeit stellt sich ein.

Aber was wichtig ist im mittleren Lebensabschnitt, ist vielleicht unwichtig im dritten und vierten. Das Gesetz der entgegengesetzten Daseinskurven meint nicht, dass Aufgeschobenes nun endlich erledigt wird. Häufig hört man auch im Alltag Variationen der Liste aus „Das Beste kommt zum Schluss“: Wenn ich einmal pensioniert bin, dann, ja dann werde ich lesen, reisen, die Natur genießen, eine Kreuzfahrt machen, die Verbotene Stadt sehen, ein Instrument spielen lernen. Es sind immer wieder Jugendträume, die man ins Alter verschiebt. Dabei ist die Interessenlage im Alter eine zwar nicht total veränderte. Aber vieles, was man früher einmal wollte, will man nicht mehr. Und vieles, was man konnte, kann man nicht mehr. Dafür zieht Neues, Unerwartetes die Aufmerksamkeit auf sich. Man sieht und hört, wenn man älter wird, anders. Von der Zeitung bis zur Welt. Das Tennisspiel gibt man besser auf. Von mehrtägigen Bergtouren sieht man ab. Feste feiert man nicht mehr bis in die Morgenstunden. Turniertänze kann man sich abschminken. Und Inlineskaten mit 67 – o jemine.

„Wenn ich nicht mehr kann, was ich will, muss ich wollen, was ich kann." Auch dieser Ratschlag, den uns Walter Schiesser in seiner kleinen Schrift mitgibt, ist schön und nachvollziehbar. Auch wenn er vielleicht das Machbare gegenüber dem Nicht-Machbaren zu sehr betont. Denn es ist nicht ganz einfach, sich auf das, was man dann kann, vorzubereiten. Noch weniger auf das, was man dann will. Man kann seine eigene Zukunft und ihre Umstände nur sehr beschränkt vorausplanen. Es gibt auch in einer modernen Welt viel Unverfügbares. Vielleicht sogar mehr als in früheren Gesellschaften. Gerade weil wir die Zukunft mehr denn je selbst machen, wird sie wenig voraussagbar. „If history is made by men, it cannot be foreknown", so der englische Historiker George Shackle. Das Wetter lässt sich voraussagen, weil die Menschen es nicht beeinflussen können. Die Zukunft lässt sich nicht voraussagen, weil man nicht weiß, was die Menschen alles wollen. Man weiß mit 40 auch nicht, was man mit 70 will. Plötzlich treten neue Herausforderungen auf einen zu, die man anzugehen hat. Nicht zuletzt ist es die Bedrohung durch unverhoffte Krankheiten und Beschwerden.

Vielleicht noch nicht im Alter von 65, aber wahrscheinlich mit 70, sicherlich dann mit 80 treten schwerer wiegende gesundheitliche Probleme auf, an die man im mittleren Lebensabschnitt überhaupt nicht gedacht hat. Herzbeschwerden, Abnahme der Sehkraft, schlechtes Hören, Gicht und Arthrose. Tumore und Bluthochdruck sind besonders „schlimme"

Krankheiten, weil man sie nicht bemerkt, sie nur mit Messgeräten fassbar werden. So hat sich gerade ein Mediziner geäußert. Es mag verwegen sein, die Frage zu stellen, ob man nicht auch diese Krankheiten mit einem Sinn versehen könne, statt sie nur als Feinde zu sehen und mit allen Mitteln und sofort zu bekämpfen. Da die genannten Krankheiten einen langsamen Verlauf nehmen, gibt es gegen sie keine Blitzkriege.

Der geordnete Rückzug erfordert auch, dass man sich auf Krankheiten einlässt. Wir wollen hier keineswegs einer Glorifizierung des Leides das Wort reden. Aber man muss es deutlich sagen: Moderne Medizin lindert eben nicht nur Krankheiten, sondern schafft mit ihren Errungenschaften gleichzeitig auch neues Leiden. Und das ist neu.

Zitieren wir noch einmal Viktor E. Frankl, den österreichischen Psychiater und Begründer der Logotherapie, der lange im Konzentrationslager war. Er schreibt sinngemäß, dass, wenn Leben überhaupt einen Sinn mache, auch Leiden einen Sinn haben müsse. Welchen Sinn das durch die moderne Medizin hervorgerufene neue Leiden dann haben kann, ist Gegenstand ethischer, moralischer und religiöser Diskussionen. Die Theologin Dorothee Sölle entwickelt in ihrem Buch „Leiden“ eine umstrittene Leidensmetaphysik. Sie schreibt, das Ideal eines leidfreien Lebens, die Illusion der Schmerzlosigkeit „zerstöre Menschen bis in ihre Wahrnehmungsorgane hinein“. Unübersehbar und wohltuend sind, entgegen dem Ideal eines vollkommenen physischen und psychischen Wohlbefindens, wie es die Weltgesundheitsorganisation in ihrer umstrittenen Definition von Gesundheit verkündet hat, die Deutungen des Leidens und des Schmerzes, überhaupt der Unvollkommenheit des Menschen als Kraftquellen. Das lässt sich für das Altern insgesamt, aber auch für Demenz und Alzheimer sagen. Sogar für das Bewusstsein der Endlichkeit. So gelingt der geordnete Rückzug dank schrittweisem Loslassen – mal langsamem, mal schnellerem, mal überraschendem, mal von langer Hand geplantem, mal heiterem, mal traurigem, aber keinesfalls und nie dank voreiligem Aufgeben.

■

Wer sich nicht im „Wu wei" (eine alte taoistische Weisheit), im Loslassen übt, sondern sich heftig an alles klammert, was ihm bislang etwas bedeutete, wird sich mit dem Altern schwertun. Seniler Eigensinn, Verarmungswahn und Altersgeiz sind Versuchungen der letzten Lebensphase, gegen die man sich wehren muss. Der geordnete Rückzug in einer alternden Gesellschaft sollte auch nicht mit Aktivismus und zwanghaftem Positivismus besetzt werden. Eine Liste all dessen, was man unbedingt noch machen möchte, braucht es nicht. Gelingender Rückzug ist eine gemächliche Auseinandersetzung mit dem Unausweichlichen, ein schrittweises, mal langsameres, mal schnelleres, aber keinesfalls voreiliges Aufgeben.

11. Demografische Abrüstung

Vor etwas mehr als einem Jahrzehnt erschien ein von Reymer Klüver herausgegebenes, Aufsehen erregendes Buch mit dem Titel „Zeitbombe Mensch. Überbevölkerung und Überlebenschance“. Es demonstriert, in welchem Ausmaß und in welch kurzer Zeit sich die Stimmungslage wandeln kann. Erschien vor gut zehn Jahren noch die Überbevölkerung als unlösbares und beängstigendes Problem, so ist es nun die schrumpfende Einwohnerschaft und die Entleerung der europäischen Nationen. Und ist in besagtem Buch noch von Schreckensbildern einer geplünderten Natur, von gewaltigen Flüchtlingsströmen, überfüllten Armenhäusern und, insbesondere in der Dritten Welt, von wuchernden Megametropolen die Rede, so drangsaliert man uns heute mit Bildern von versteppenden Landschaften, entvölkerten Regionen, zusammenfallenden Plattenbauten und Räumen ohne Menschen. Das sind keineswegs nur Nachrichten aus dem ehemaligen Osten Deutschlands. Auch hierzulande werden Entbindungsstationen von Krankenhäusern geschlossen, Kindergärten aufgehoben, Schulhäuser verkauft und Turnhallen umgenutzt. Unisono wird geklagt: Über den Hedonismus der Jungen, die „Nach-uns-die-Sintflut-Stimmung“ der Alten, das herannahende Ende der westlichen Gesellschaften.

Angesichts der Voraussagen für die nächste und übernächste oder gar überübernächste Generation tut man gut daran, sich immer wieder vor Augen zu führen, wie schnell sich die Stimmungslage ändern kann und wie gefährlich gedankliche Kurzschlüsse sein können. Schon die Beispiele aus der eigenen Familie sind instruktiv. Peter stammt aus einer elfköpfigen Familie. Seine Mutter ist heute 96, mit 52 hat sie ihr letztes Kind zur Welt gebracht. Auf dem Tisch, an dem er an diesem Manuskript arbeitete, ist sein Bruder Niklaus von der Hebamme entbunden worden, weil es im Elternschlafzimmer zu kalt war. Die Familie Gross hatte auch immer wieder Pflegekinder von Familien, die ihre Einzelkinder nicht nur mit Erwachsenen aufwachsen lassen wollten. Wie viel elterliche Aufmerksamkeit da das einzelne Kind genossen hat, kann sich jeder denken. Hausaufgabenhilfe? Mutter-Kind-Turnen? Elterliches Beifallklatschen an unzähligen Schulveranstaltungen? Bastelnachmittage im Kirchgemeindehaus? Aufwändige Kindergeburtstage? Autotransporte zu Vereins- und Sportaktivitäten? Nichts von alledem. Und waren die älteren Kinder einmal außer Haus, in einem Internat oder im Studium, konnten sich die Eltern angesichts der zahlreichen jüngeren Geschwister nur sehr sporadisch um sie kümmern. Man hielt sich folgerichtig an gleichaltrige Freunde und allenfalls noch an die Geschwister.

Das ist kein Einzelfall. In den Familien in ländlichen, katholischen Gegenden waren ein halbes Dutzend Kinder Normalität. In vielen Familien der 1930er- und 40er-Jahre war der horizontale Zusammenhalt unter den Geschwistern deshalb weitaus stärker als der vertikale zu den Eltern. Waren es deswegen die besseren Familien? Spendeten sie mehr zwischenmenschliche Wärme? Waren sie großzügiger? Fairer? Engagierter? Weltoffener? Hielten sie von Herzen gern zusammen? Oft dominierten patriarchale, auch von Willkür geprägte Strukturen. Der Geschwisterzusammenhalt war kein Akt der Menschlichkeit, sondern auch das Resultat dieser Strukturen. Er war kein Hort der Gerechtigkeit, sondern oft gekennzeichnet durch kindlichen Egoismus, menschliche Unreife, Chaos und Überheblichkeit. Kinderarbeit war alltäglich. Zehnjährige kochten für zehnköpfige Familien, an freien Nachmittagen wurde geschuftet. Die langfristige Perspektive der Mädchen hieß Heirat. Die jungen Frauen verdingten sich früh in Fabriken oder in vornehmen Haushalten. Nicht selten legten sie ihren knappen Lohn den Eltern auf den Tisch, und zwar ohne für ihren Einsatz je ein Zeichen der Anerkennung bekommen zu haben. Nicht nur bezüglich Bildung hatten die Buben Vorrang.

Das ist heute, mit der üblichen „Bohnenstangenfamilie", wie sie genannt wird, wesentlich anders. Meist besser. Die Kinder von heute stehen in einer völlig anderen Beziehung zu ihren Eltern. Fast täglich wird telefoniert, die Kinder werden häufig, bis sie 30 oder gar 40 sind, wie Augäpfel gehütet. Mädchen wie Buben wird eine gute Ausbildung ermöglicht. Die Mädchen bilden inzwischen zumindest in den Gymnasien die Mehrheit. Die demografische Abrüstung hat eine Stärkung der vertikalen Bindungen zur Folge. Die Mehrheit der Eltern versucht, über ihre Erziehung eine lang anhaltende Beziehung zu ihren Kindern zu schaffen. Bei gleichzeitiger Abnahme der horizontalen Bindung. Die bessere Beziehung zu den Eltern ersetzt teilweise den Geschwisterzusammenhalt. Die längere Lebenserwartung bringt mit sich, dass es außerdem viele Kinder gibt, die über sich noch drei, manchmal sogar vier Generationen haben, die ein Auge auf sie haben: die Eltern, die Großeltern und die Urgroßeltern und vielleicht sogar die Ururgroßmutter.

Ganz anders sieht es im Weltmaßstab aus. Wir erleben eine demografische Aufrüstung (in Asien, Südamerika und Afrika). In der dritten Welt, etwa in El Salvador, ist die Hälfte der Bevölkerung unter zwanzig Jahre jung. Im Irak wuchs die Bevölkerung – trotz Tötung von einer Million Menschen unter Saddam Hussein (u.a. im Krieg) sowie der Flucht weiterer zwei Millionen – zwischen 1955 und 2005 von fünf auf 25 Millionen. Jeden Tag kommen, Kriegswirren hin oder her, über 250 000 Kinder zu Welt. Das sind 90 Millionen im Jahr! In Lateinamerika stieg der Anteil an der Weltbevölkerung zwischen 1900 und 1990 von knapp vier auf fast neun Prozent; von 63 auf 440 Millionen Menschen. Die Deutschen hätten sich bei gleichem Tempo von 56 auf 400 Millionen hinter China und Indien auf Platz drei katapultiert. Man steht heute bei 90 Millionen.

Der hohe Anteil junger Menschen ergibt eine häufig mörderische Konkurrenz unter den Jungen. Die bevölkerungsreichen Länder demonstrieren es. Ein Teil der Jungen findet seinen Platz in den aufstrebenden Gesellschaften nicht. Es ist einleuchtend, dass sich die Jugend mit ihrer desolaten Situation nicht abfindet und Auswege sucht: in der Auswanderung, der Kriminalität, im Terrorismus. Junge Männer haben sich schon immer als die gefährlichste Gruppe der Spezies Mensch erwiesen – besonders dann, wenn sie nichts zu tun haben oder sich überflüssig vorkommen.

Die Überlegungen, welche die sogenannte „youth bulge“-Theorie in diesem Zusammenhang anstellt, sind sehr beunruhigend. Wo immer sich in der Geschichte ein Überschuss junger Männer mit ausweglosen Situationen paart, kommt es zu Krieg, Terror, Verbrechen. Junge Männer randalieren als Hooligans und Neonazis. Auch die 68er waren jung und männlich. Es sind Jugendliche, die Städte und U-Bahnen unsicher machen. Im Irak wächst die Bevölkerung alle zwölf Monate um 360 000 kampffähige Männer. Legt man die Annahme zugrunde, dass zwei von drei Brüdern im Erwerbsleben untergebracht werden können, stehen jedes Jahr 120 000 Mann für neue Rekrutierungen bereit, etwa gleich viel wie die insgesamt 130 000 im Irak stationierten US-Soldaten. Im Weltbestseller „Der Kampf der Kulturen“ schreibt Samuel Huntington; „... das riesige Reservoir an oft beschäftigungslosen Männern zwischen 15 und 30 (ist) eine natürliche Quelle der Instabilität und Gewalt innerhalb des Islams wie gegen Nichtmuslime. Welche anderen Gründe auch sonst noch mitspielen mögen, dieser Faktor allein erklärt zu einem großen Teil die muslimische Gewalt ...“

Die demografische Aufrüstung geht jedenfalls in Afghanistan, an der Elfenbeinküste oder in Palästina ungebremst weiter. So verfügen diese Regionen über einen unbegrenzten Nachschub an Dschihadisten (heiligen Kriegern). Für jeden Getöteten wachsen drei potenzielle Kämpfer nach. Die Zahl der Palästinenser hat die der Juden im Nahen Osten erreicht und überholt. 2005 gibt es in Israel, Gaza und der Westbank über eine Million Jugendliche (0-15 Jahre) gegenüber 600 000 jugendlichen Juden. Der geistige Vater der „youth bulge-Theorie“

Gaston Bouthoul hat vor bald 40 Jahren eine Art „Kriegsindex" formuliert. Er schreibt: „Ist es möglich, den Prozentsatz junger Männer zu bestimmen, bei dem es den Massen wie den Regierungen notwendig scheint, einen kriegerischen Ausflug ins Auge zu fassen? (...) Gibt es einen Kriegsindex? Die großen kriegerischen Vorstöße ergeben sich aus der Tatsache, dass der Anteil an jungen Männern zwischen achtzehn und fünfunddreißig Jahren, der von wesentlichen Wirtschaftsfunktionen freigestellt ist, eine besonders große Zahl umfasst. Denn diese Gruppe bildet eine Reserve, die ohne großen Schaden aus der Produktion gezogen werden kann. Es entsteht ein systemgefährdender Überdruck. Heutzutage (1970) hat in den westlichen Ländern jeder junge Mensch von zwanzig Jahren über sich vier oder fünf ältere Artgenossen zwischen fünfundzwanzig und achtzig Jahren. Daraus ergibt sich eine vertikale Konkurrenz. In der Dritten Welt, zum Beispiel in Salvador, ist die Hälfte der Bevölkerung unter fünfzehn Jahre alt. Nur zwei Ältere lasten auf einem jungen Menschen. Aber umso härter ist die (horizontale) Konkurrenz unter den Jungen. Die demografische Inflation zieht den Völkermord nach sich."

Die Frage, ob den 300 Millionen jungen Männern (von den Frauen redet typischerweise wieder niemand, und auch nicht von der Frage, ob ihre Perspektivlosigkeit den Kinderreichtum begründe) zwischen 15 und 30 Jahren, die in den islamischen und afrikanischen Staaten ein unerschöpfliches Potenzial für die Rekrutierung von Terroristen und Kämpfern darstellen, mit einer entsprechenden Kinderproduktion im Westen zu begegnen sei, mag zwar naheliegen, ist aber – aus verschiedenen Gründen – absolut unrealistisch.

Einmal abgesehen davon, dass in einer freiheitlichen, offenen Gesellschaft niemand und schon gar keine moderne Frau sich überreden ließe, Kinder zu haben, um der Gefahr des Terrorismus und zukünftiger Kriege demografisch zu begegnen, ist abzusehen, dass die Polarisierung der Welt in „junge“ und „alte“ Länder schon bald eine Schimäre ist. Weltweit werden nämlich die Bevölkerungen in den nächsten Jahrzehnten aufhören zu wachsen und wird die Lebenserwartung in den sogenannten unterentwickelten Ländern rasch zunehmen. Auch sie werden sich zum Glück für uns und für sie selbst auf den Pfad des Schrumpfens begeben, je stärker die Autonomisierung voranschreitet. Auch sie werden sich die Sinnfrage stellen. Der schnellste Überalterungsprozess wird dem Nahen Osten vorausgesagt, und das südliche Afrika soll noch in diesem Jahrhundert älter werden als es Europa heute ist. Die Globalisierung mit ihrem Export von Gütern, Dienstleistungen und Wissen sorgt also dafür, dass auch in jenen Ländern, die heute noch jung erscheinen, der gleiche Alterungsprozess einsetzt wie in Europa.

Eine weitere Frage muss hier erlaubt sein. Wäre es uns tatsächlich lieber, mit einem anhaltend starken Anstieg der Bevölkerungszahl zu leben und gleichzeitig vom langen individuellen Leben Abschied zu nehmen? Wohl kaum. Wir müssen also lernen, mit den gegenwärtigen Entwicklungen zu leben, statt sie zu beklagen.

So beugen wir uns denn eher erleichtert über unsere Gesellschaft, die leicht nach Staub und Alter riecht, aber ansonsten das ist, was wir eigentlich wollten. Eine friedliche Gesellschaft mit einer guten Mischung aus Alt und Jung. Eine Gesellschaft, in der das aus den älteren Menschen gebildete Wurzelwerk den Jungen Halt und Stabilität bieten kann. Die Jungen dürfen, gut gestützt auf diesen mächtigen Wurzeln stehend, einen Blick in die Zukunft wagen. Vielleicht verschwinden nämlich die täglichen Fernsehbilder von verzweifelten, arbeitslosen Jugendlichen, wenn es in Zukunft weniger von ihnen gibt. Wenn Schulen und Unternehmen um sie werben müssen. Die Rolle der überalterten Gesellschaften in einer Welt, deren Bevölkerung, vor allem in Asien, Afrika und Lateinamerika in den nächsten Jahren und Jahrzehnten noch beträchtlich wachsen wird, ist unter diesem Blickwinkel für die ärmeren Länder sogar beispielhaft.

Bedeutet das nicht, dass alle Energien darauf verwandt werden sollten, in den demografisch aufrüstenden Ländern die Probleme mit der nachstoßenden Überzahl von Jungen und dem in ihrem Inneren entstehenden Druck zu mildern? Sei es durch Arbeitsangebote in den demografisch abrüstenden Ländern, sei es durch Verlagerung unserer Produktionsstätten in diese Länder. Ganz entscheidend und weder durch technische noch durch materielle Hilfen zu kompensieren ist es aber, den Menschen den Sinn für die Ursachen und Folgen der demografischen Entwicklung zu schärfen und ein Bewusstsein dafür zu fördern, dass die abrüstenden Demografien in Europa vorwegnehmen, was in allen anderen Ländern früher oder später genauso kommen wird.

Die derzeitige demografische Entwicklung in den europäischen Ländern ist das Resultat einer freiheitlichen, offenen

Gesellschaft, in der die Familien und insbesondere die Frauen zum ersten Mal in der Geschichte die Möglichkeit haben, zu entscheiden, ob sie Kinder haben wollen oder nicht. Sie ist das Resultat einer Wirtschaft, die für eine erfolgreiche Produktivität keine Heerscharen von Arbeitssklaven mehr braucht. Und nicht nur das. Überall auf der Welt folgt der Alphabetisierung der Frauen ein Geburtenrückgang. Weltweit produzieren Länder mit einer hohen Analphabetenquote mehr Kinder als Länder mit hoher Alphabetisierung. Wer gebildete Menschen wünscht, wie sie unsere Wirtschaft mittlerweile ganz selbstverständlich voraussetzt, muss nicht nur, sondern kann und darf mit weniger Kindern leben. Wir können und dürfen dem Einzelnen mehr Aufmerksamkeit schenken, können fairer, menschlicher und so vielleicht auch ab und zu gerechter sein.

Daraus zu schließen, dass Frauen mit hohem Bildungsgrad am wenigsten Kinder haben, ist aber falsch. Gut ausgebildete Frauen sind nicht die Gebärstreik-Zicken, als die sie gelegentlich beschimpft werden. „In den westlichen Industriestaaten ist der Anteil von Frauen mit höheren Bildungsabschlüssen in den vergangenen Jahrzehnten deutlich gestiegen. Häufig wird dies als einer der Gründe für die sinkenden Geburtenraten angesehen. Studien haben nun jedoch gezeigt, dass in Schweden die Kinderlosigkeit bei Frauen mit einem hohen Bildungsabschluss nicht höher liegt als bei Frauen mit einem niedrigen Bildungsabschluss", heißt es in der April-Ausgabe von „Demografische Forschung aus erster Hand" von 2007.

Ländervergleiche zeigen, dass gerade in Ländern mit einer frühen Selektion bei der Bildung (nach vier, fünf Schuljahren), wenig Bildungs-Durchlässigkeit und mit einer Politik, die es Müttern erschwert, auch mit Kleinkindern berufstätig zu bleiben, die Geburtenrate sinkt. Italien und Griechenland, Länder mit einer Gesellschaftsstruktur, die Müttern die Berufstätigkeit schwer macht, haben die niedrigsten Geburtenraten Westeuropas. Frauen darf also jetzt nicht der Schwarze Peter zugeschoben werden. Und nicht nur Frauen wünschen sich mehr Vielfalt. Emanzipation betrifft längst auch die Männer. So wenig sich Frauen mit Kindern und Küche begnügen wollen, so wenig geben sich vor allem jüngere Männer mit einem (Berufs-)Leben wie im Hamsterrad zufrieden. Dem Leben ist ein neuer Akt hinzugefügt worden. Das bewirkt, dass Frauen und Männer bereits im zweiten Akt einen anderen Blick aufs Eigene werfen, auf die Schwerpunkte, Zwänge, Wünsche und Möglichkeiten. Die Sinnfrage betrifft auch sie, mehr denn je.

Die demografische Entwicklung darf nicht dazu führen, dass die hart erkämpften Errungenschaften der Emanzipation leichtfertig torpediert werden. Unser Bekenntnis zu ihnen hat wesentlich mitgeholfen, ein fein ziseliertes, vielgestaltiges Gesellschaftsbild entstehen zu lassen. Ein Bild, das präzise zeigt, wie viel gutes Funktionieren gerade vom Respekt für diese teilweise hart erarbeiteten Feinheiten abhängt. Dazu gehört auch, dass, wer mehr Kinder will, gesellschaftlich einen Schritt vorwärts machen muss. Nicht rückwärts. Vorwärts in eine Gesellschaft, die frauen- und kinderfreundlich ist, emanzipiert und vielfältig. In eine gelassen alternde Gesellschaft, welche die Alten nicht gegen die Jungen ausspielt, sondern sie als Wurzelwerk begreift, das die Familien hält, stützt und stabilisiert. In eine Gesellschaft, die auf Gebär-Appelle und billiges

Kinderlosen-Bashing verzichtet und nicht mit alten Ansichten neuen Herausforderungen begegnet. Eine Gesellschaft, die nicht antiquierte Großfamilien-Fantasien pflegt, keine revisionistischen, schönfärberischen Sippenbilder malt und damit Gesellschaftsstrukturen etablieren will, die nur allzu leicht Willkür, Ungerechtigkeit und Pranger-Mentalität wieder salonfähig machen können.

■

Weniger Junge bedeuten mehr Möglichkeiten und damit mehr Lebenszufriedenheit für den Einzelnen, folglich weniger Unruhe, weniger Konflikte, weniger Chaos. Auch die Großfamilie, die sich heute mancher zurückwünscht, war im Übrigen nicht immer ein Hort der Wärme und Menschlichkeit. Die große Kinderschar zwang viele Eltern zur Durchsetzung eines rigiden Regiments, in dem auch der horizontale Geschwisterzusammenhalt eine letztlich unbefriedigende Notlösung blieb.

12. Freund Hain

Der geordnete Rückzug, von dem im vorherigen Kapitel die Rede war, erfordert ein Sich-Einlassen, nicht nur auf Krankheiten, sondern auch auf den Tod. Das ist leicht gesagt, aber nur weil bislang niemand vom eigenen Tod berichten kann, ist es nicht verboten, über ihn zu reden. Gerade weil er nicht erlebt, sondern nur beredet werden kann. Philosophie und Religion sprechen denn auch unaufhörlich von ihm. Der Tod ist das unausweichliche Schicksal jeden Lebens, und mit dem Altwerden beginnt man, die Jahre zu zählen, die einen noch von ihm trennen. Mit den hinzugewonnenen Jahren stellt sich auch ein neues Verhältnis zum Sterben und dem Tod ein.

Wer das Alter als Herausforderung annimmt und es, statt zu einer Quelle der Trübsal, zu einer des Tätigseins macht, altert besser. Dasselbe gilt auch für den Tod. Es ist nicht vermessen, wenn man versucht, ihn anzunehmen und in seiner Lebenswichtigkeit anzuerkennen. Man muss ihn nicht lieben, ihn aber auch nicht verteufeln. Zu einem gelingenden Alter gehört ein gelingender Umgang mit dem Freund, der – wie es Jean Paul gesagt hat – einem nur einmal im Leben begegnet.

Von einer Anerkennung des Todes freilich kann in modernen Gesellschaften keine Rede sein. Der Tod wird mit der Steigerung der Lebenserwartung faktisch hinausgezögert und im Gleichschritt damit die Befassung mit ihm. Der Tod kommt, wenn er kommt, wie aus einem Versteck hervor, obwohl es ohne Tod kein Leben gibt. Den Kindern in den 1950er-Jahren war der Tod noch nicht so fremd. Zumindest, was den real und nicht nur medial miterlebten Tod betrifft. Nicht nur bei Sterbefällen in der Verwandtschaft waren sie auf Augenhöhe und in Sichtweite zu ihm (und hatten etwa im Nebenzimmer des aufgebahrten Großvaters zu übernachten). Kinder waren, zumindest auf dem Dorf, so etwas wie die fröhliche Begleitmannschaft der Toten. Durch das Sargfenster konnte jeweils sogar ein neugieriger Blick auf die Verstorbenen geworfen werden.

Der Tod war im Haus und in den Betten der Menschen. Auf dem Friedhof konnte man mit allerlei achtlos aus den neu ausgehobenen Gräbern geschaufelten Schädelfragmenten und Knochen konfrontiert werden. Heute wird dieser echte Tod schleunigst abtransportiert und weggesperrt. Nur mehr wer ihn gezielt sucht, sieht ihn. Vielleicht nur mehr die Jüngsten, unsere Kinder, sind jene, die ihm offensiv begegnen. Karins Tochter Laura, deren Schulweg durch einen großen, parkähnlichen Friedhof führt, erzählt leise von Knochenfunden, und nur allzu gerne studiert sie auf dem Nachhauseweg die Geburts- und Todesdaten auf den Grabsteinen, errechnet die Lebenszeiten der dort Begrabenen und ist tief betroffen, wenn sie auf das Grab eines jung verstorbenen Menschen stößt.

Zwar häufen sich in Hollywood Filme über Krankheit, Demenz, Tod. Und die Bestattungsfirma „Cofanifunebri" wirbt mit „Sexy Särgen", auf und in denen sexy Frauen posieren. Totenköpfe setzen sich neuerdings auf Schnullern, T-Shirts für Babys, Nachthemden und Outdoor-Mäntelchen für Hunde fest. Outdoor-Mäntelchen, wie gerade in der Hauptstraße

Heidelbergs gesehen, mit perlenbestickten Totenköpfen! Nicht der Tod selbst, aber seine artifizielle Darstellung hat Einzug gehalten in unseren (modischen) Alltag. Und niemand schaut mehr hin, geschweige denn regt sich auf. Eine Ausstellung mit dem einer amerikanischen TV-Serie entnommenen Titel „Six Feet Under“ („Six Feet Under – Autopsie unseres Umgangs mit Toten“), die in Bern und Dresden gezeigt wurde, hat jedenfalls ein großes und begeistertes Publikum angezogen.

Trotz der Neugier, die ihm entgegengebracht wird, ist der Tod unserer Zeit kein Freund, auch wenn er Süßigkeiten oder Unterwäsche ziert. Und die überbordenden Todesmanifestationen in den Medien erscheinen eher als magische Praktiken zum Zwecke seiner Verbannung. Er ist, um einen Ausdruck von Philippe Ariès zu gebrauchen, merkwürdig verwildert und taucht deshalb überall auf. Gewiss haben alle Religionen sinngebende Praktiken für den Umgang mit ihm und seiner biologischen Unbedingtheit entwickelt. Insbesondere die christliche Heilsbotschaft hat den Tod mit einer heilsamen Bedeutung versehen, als Übergang in eine andere Welt, als Ein- und Heimkehr in die Arme Gottes. Hat nicht die Theologie im Tod gar den Höhepunkt des Lebens vermutet, weil in ihm die letzte, die große Entscheidung ansteht? Und wird nicht darum immer wieder eine Rückkehr zur Religion und zu den in ihr doch bereitliegenden Sinngebungen gefordert?

Die christliche Heilsbotschaft hat dem Leben und dem Sterben in der Tat Sinn verliehen. Sie enthält eine Welt- und eine Todesanschauung. Die jenseitige Glückseligkeit kompensiert nicht nur die diesseitige Verlorenheit. Sie hilft, wie man sagt, das Unbestimmte, das in der Zukunft liegt, zu bewältigen. Die biblische Hoffnung kündet davon, dass nach dem Leben nicht das Nichts, sondern ein Paradies (oder die Hölle) und eine rettende oder verzweifelte Begegnung mit Gott steht. In einer weit ausgreifenden Enzyklika mit dem Titel „Spe Salvi“ hat dies gerade Papst Benedikt XVI. dargelegt. Wer hofft, lebt anders, schreibt er dort. Was aber ist Hoffnung und wann ist sie möglich? Das Kommende ragt für den Gläubigen aus der Zukunft in die Gegenwart. Daraus ermisst sich jedoch die andere Seite dieser Hoffnung. Denn eine Hoffnung, die man kennt – so auch die Bibel –, ist keine Hoffnung. Erfordert Hoffnung nicht eine Zukunft, die man nicht kennt?

Die christliche Heilsbotschaft hat indes die Zukunft für die Gläubigen ein für alle Mal festgelegt. Ihre temporale, topologische und spirituelle Ordnung will die Gläubigen beruhigen und einstimmen. Im Zentrum dieser Festlegungen und der damit verbundenen Todesanschauung steht das Kommen des Herrn. Die im Advent erwartete zweite Ankunft ist die Ankunft eines Gottes, der kommen wird, zu richten die Lebendigen und die Toten. Aber es ist nicht nur eine lichterfüllte und glückliche Zukunft, die uns in der Offenbarung des Johannes beschrieben wird. Die christliche Frohbotschaft ist auch eine Drohung vor dem ewigen Unheil, der Hölle. Die Posaunen verkündigen unendlichen Schrecken. Sieben Siegel werden geöffnet und sieben Plagen vorausgesagt. Bei der Öffnung des sechsten Siegels entsteht ein großes Erdbeben, die Sonne wird finster wie ein härener Sack und der ganze Mond wird sein wie Blut. Die Sterne werden auf die Erde fallen wie ein Feigenbaum, der seine unreifen Früchte abwirft. Der Himmel wird dahinschwinden, wie eine Buchrolle, die zusammengerollt wird ... (Offb 6,11-14).

Bei der Öffnung des siebten Siegels entsteht – wie oft hat die kindliche Imagination eine entsprechende Grabesstille durchlebt – eine vollkommene Stille von einer halben Stunde. Unzähmbare und unbesiegbare Engel erscheinen, die Feuer auf die Erde bringen und andere Schrecknisse anrichten, woran die Welt zugrunde geht (Offb. 8). Den sieben Siegeln, den sieben Posaunen, der Ankündigung des Entscheidungskampfes und den sieben Plagen folgt der Aufbruch des Christkönigs zum „Endkampf" und zum Endgericht mit flammenden Augen und umkleidet mit einem Gewand, das mit Blut getränkt ist und mit einem Mund, aus dem ein scharfes zweischneidiges Schwert hervorkommt, um mit ihm „die Völker zu schlagen" (Offb 19, 12-15).

Man muss dieser christlich geprägten Todesanschauung die zeitgemäße Vielfalt an Todesvorstellungen entgegensetzen. Ist es nicht so, dass die Hoffnung gerade unter der ultimativen Vorwegnahme der Zukunft leidet? Und ist es wirklich so, dass das Bestimmte, das Gewisse, das gewusst Kommende weniger Angst macht als das Ungewisse? Besonders, wenn es die Möglichkeit der Verderbnis und der Verurteilung mit einschließt? Und macht nicht Angst, dass die Hoffnung an Vorstellungen des Künftigen gebunden ist und nicht im Gegenteil an das Nichtwissen darum? Wertet das überirdische Jenseits nicht die Gegenwart und unser Leben in ihr ab?

Max Weber noch hat die These vertreten, dass das Erlöschen der christlichen Heilsbotschaft und ihre Reduktion auf eine innerweltliche Selbstverbesserung und Weltvervollkommnung in einer Zeit, wo der Fortschritt ins Endlose auszugreifen scheine, den Tod „sinnlos“ mache. Denn der verweltlichte Mensch könne nun, eingespannt in einen weit über ihn hinausgreifenden Fortschrittsprozess, für sich keinen sinnvollen Abschluss seines Lebens finden. Aus diesem Grund wird dann gerne wieder auf die Religion im Allgemeinen, auf die christliche Heilsbotschaft im Speziellen verwiesen, die eine Bearbeitung und Sinngebung des Sterbens und des Todes leisten könnten.

Wohl denen, die in die weit geöffneten Arme der Kirche und ihrer Welt- und Todesvorstellungen zurückkehren. In ihr ist der Tod der Sünde Lohn (Röm 6,23), ein Skandal, die Strafe für eine Verfehlung im Paradies. Der Tod ist der Übergang in die jenseitige Zukunft. Eine ungeheure Verantwortung bricht mit ihm über die armen Menschlein herein: Im Angesicht des Richters, in der Begegnung mit ihm kommt es zur endgültigen, irreversiblen und letzten Entscheidung. Aber erzeugt die Endgültigkeit dieser Entscheidung, die Totalität, die sie beinhaltet, nicht auch Angst? Hat die Vorstellung eines Aufgehens in Gott, dem Fremden und ganz Anderen, das Verzehrtwerden von seiner Liebe als Konvergenzpunkt aller Sehnsüchte, nicht auch etwas Unheimliches an sich?

Die verweltlichten Visionen von Paradiesen auf Erden, die an die Stelle der christlichen Heilsbotschaft traten, haben ebenfalls an Wirkkraft eingebüßt. Der Fortschrittsglaube, der die Welt nach dem Verblassen der jenseitigen Paradiese zu immer neuen Höchstleistungen angestachelt hat, hat sich erschöpft. Die Zukunft, auch die weltliche, ist nicht mehr, was sie war. Sie war, insbesondere in den politisch-theologischen Erlösungs- und Beschleunigungsbewegungen, dem Sowjetmarxismus, dem Nationalsozialismus und dem Faschismus des 19. und des 20. Jahrhunderts, gnadenlos finalitätsgeprägt. Um das gelobte Land schneller zu erreichen, wurde die Hölle auf Erden installiert. Und die Menschheit in Gut und Böse geteilt.

Was bleibt, wenn die christliche Heilsbotschaft fremd geworden, die weltliche Ersatzvorstellung von einem Gelobten Land in der Zukunft sich nach den totalitären Beschleunigungsbewegungen des letzten Jahrhunderts erledigt hat? Es bleibt die Einsicht, dass es ohne den Tod kein Leben gäbe. Dass ein ewiges Leben schwer erträglich wäre. Dass eine Welt, in der alle, die bisher gelebt haben, noch leben würden, eine Katastrophe wäre. Es bleibt die Einsicht, dass jede Art von ewigem irdischem Leben das endliche Leben mit seinen Aufgaben und Notwendigkeiten vernichten würde. Das Leben wäre nur noch ein gleichgültiges Dahinleben, ein Ende der Geschichte, wo man endlos Zeit hätte für alles.

In einer modernen Gesellschaft öffnet sich die Zukunft. Offene Gesellschaften haben offene Zukünfte. Das Kommende wird, wenn überall Innovationskraft und Unternehmergeist gefordert wird, auch ungewisser. Nicht nur die Zukunft, sondern auch die Todesvorstellungen sind dementsprechend vielfältiger geworden. Auch die Vorstellungen, was nach dem Tod mit einem geschieht. So vielfältig wie die Texte in den Todesanzeigen und so vielfältig wie die Särge und Grabsteine. Ein

Weiterleben lässt sich ganz unterschiedlich denken: Man kann weiterleben in den Kindern, in der Natur, in der Noosphäre des Geistes (Teilhard de Chardin), in den Köpfen der anderen, in Bibliotheken, kryokonserviert in den Kühlräumen der Transhumanisten oder im traditionellen Jenseits.

Ist nun diese Ungewissheit, die den Tod, das Leben nach dem Tod und das Leben überhaupt betrifft, Angst erzeugend? Nein. Angst erzeugend erscheint eher das Kommen des Weltgerichts und die zweite Ankunft eines Erlösers, der Lebendige und Tote richten will. Die offene Zukunft enthebt einen der Verpflichtung, sich viel vorzunehmen in dieser Welt für eine andere. Und diese Freiheit ist ein Geschenk und die Unfertigkeit, Vorläufigkeit und Vielfalt der Vorstellungen über den Tod ein tröstliches Kennzeichen offener Gesellschaften.

Es mag sein, dass diese Vergewöhnlichung des Todes ihre merkwürdigen, kuriosen und obskuren Seiten hat. Nicht nur, dass er allgegenwärtig zu sein scheint und Säuglingsschnuller ebenso ziert wie Gürtelschnallen für Senioren. Seine Vergegenständlichung, etwa in anatomischen Kabinetten, in denen präparierte Leichen hergezeigt werden, diese obskure Illuminierung hat indes nicht nur zu einer Vergewöhnlichung, sondern zu einer Versöhnung mit dem Tod geführt. Leben und Sterben gehören auch beim Menschen zusammen. Und das Sterben wird nicht mehr ins Übermenschliche erhöht, nicht mehr zum Höhepunkt des ganzen Lebens gemacht.

Aber auch nicht zum Tiefpunkt eines Lebens mit Schrecken. Eine vorurteilslose Betrachtung macht ihn zu einer auch tröstlichen Erscheinung. Im „Wandsbecker Boten“ von Matthias Claudius, in dem sich jene wunderbaren Gedichte finden, die wir zur Schulzeit aufzusagen hatten („Der Mond ist aufgegangen, die goldnen Sternlein prangen …“), blickt uns auf dem inneren Buchtitelblatt gelassen der Tod als Sensenmann entgegen. Es ist „Freund Hain“, dem Matthias Claudius seine „Correspondenz mit sich selber“, wie er den „Wandsbecker Boten“ einmal genannt hat, seine Erörterungen widmet. Ihm dediziert er, wie er es nennt, das Buch, und er soll als Schutzheiliger und Hausgott vorn an der Haustüre des Buches stehen.

Je mehr man sich mit dem Tod als Freund beschäftigt, desto stärker treten auch seine tröstlichen Züge in den Vordergrund und desto merklicher regt sich Widerstand gegen die Vorstellung vom Tod als Strafe, die am Ende des Lebens über uns verhängt wird. Gut sterben heißt, den Tod nicht zu verdrängen, sondern sich mit der eigenen Endlichkeit zu befassen. Und sich mit ihm befassen heißt nicht, ihn zu verabscheuen und zu bekämpfen. Es ist, so Giovanni Maio, eine Kultur des Sterbens zu erlernen, die nicht „übersät ist mit Patientenverfügungen, sondern mit Trost und Zuversicht spendenden Mitmenschen, die ein Sterben in Beziehungen ermöglichen …“. Dass man heute viel länger altert als in allen vergleichbaren Gesellschaften vor uns, trägt zur Annahme des Todes bei. Früher war der zu frühe Tod das Problem. Heute vielleicht der zu späte. Und auch er ist nicht immer leicht zu ertragen. Nicht wenn man noch im neu eröffneten dritten Akt des Lebens steht, sondern wenn man alt und sterbensmüde wird. Jedenfalls erzwingt die gewonnene Zeit, sich vermehrt mit der eigenen Endlichkeit zu befassen.

Eine allgemeingültige Vorstellung vom Ende des Lebens als Jüngstem Gericht, dem das Aufgehen in Gott oder aber ewiger Schrecken folgt, gibt es nicht mehr – zum Glück. Die Vorläufigkeit und Vielfalt der Vorstellungen über den Tod, die unsere Zeit kennzeichnet, bergen auch die Möglichkeit zur Versöhnung mit ihm. Man muss den Tod nicht lieben. Aber er ist etwas Normales und kein Skandal. Man erträgt ihn vielleicht sogar leichter, wenn man nicht weiß, was danach geschieht.

13. Dem Tod zuvorkommen. Sterbehilfe

Die Befassung mit der eigenen Endlichkeit schließt auch die Frage nach dem selbstbestimmten Sterben und der Sterbehilfe ein. Ganz prinzipiell geht es allen Formen der Sterbehilfe darum, dem Tod zuvorzukommen. Schon im Begriff schwingt, selbst wenn im Wort „Sterbehilfe" von „Hilfe" die Rede ist, etwas merkwürdig Rabiates mit. Man will den Tod und das Sterben entschlossen und offensiv angehen. Man lässt nicht einfach sterben. Man will den Tod überrumpeln. Man schlägt ihm ein Schnippchen. Man überlässt nicht ihm das Ende, sondern nimmt es in die eigenen Hände. Man beschließt, wie man sterben will. Aber kann man das? Kann man sich das Sterben abnehmen oder abnehmen lassen? Überfordert man sich nicht, wenn man dem Tod vorschreibt, wie man ihn haben möchte?

In Montaignes Überlegungen über die Kunst, das Leben zu lieben, findet sich eine Stelle, an der er schreibt, dass er auf Reisen selten in einer Herberge ankomme, ohne dass ihm sogleich durch den Kopf ginge, ob er in dieser nicht gelassen erkranken und sterben könne. Er will, so sagt er es, den Tod an den Annehmlichkeiten des Lebens teilhaben lassen. Den Tod ihm gewogen stimmen und es ihm so bequem machen, dass er sich auf ihn und das Sterben konzentrieren lerne. Gibt es eine bessere Umschreibung für das, was man unter „in Würde sterben" versteht?

Unschöner fällt die Bedeutung von „mit Hilfe sterben“ aus. Ganz zu schweigen von „organisiertem Sterben“. Kann man mit Hilfe einer Organisation in Würde sterben? „Dignitas“, die Zürcher Sterbehilfeorganisation, hat auf einem öffentlichen Parkplatz in der schweizerischen Gemeinde Maur zwei deutsche Männer in den Tod begleitet. Einer starb in einem Van, der andere in einem Lieferwagen. Vom Helium-Tod unter einer Plastiktüte wollen wir gar nicht reden. Allein die Vorstellung schmerzt und graust. Es lässt sich wohl schwerlich behaupten, dies sei ein Sterben in Würde. Das ist es auch mit Sterbebegleitung nicht.

Die Sterbehilfe lässt auch die Jungen nicht kalt. Nicht wenige sind der Meinung (und darin stimmen sie mit dem Großteil der Alten überein), dass man die Leute sterben lassen soll, wenn sie es so wollen. Wir hören die Hilferufe von tod- und schwerstkranken Patienten. Keineswegs nur alten. Es wird immer schwieriger zu sterben, es versteht sich nicht mehr von selbst. Es gibt Menschen auf dieser Welt, deren Hilferufe ungehört verhallen und die wünschten, nie geboren zu sein.

Die Medien operieren mit spektakulären Fällen. Der Fall des Vincent Humbert hat Frankreich erschüttert. Seit er aufgrund eines schweren Unfalls aus dem Koma erwachte, war er gelähmt, blind und stumm, konnte nicht mehr riechen und schmecken und wurde künstlich mit einer Sonde ernährt. Hören und seinen Verstand gebrauchen konnte er aber noch. Vincent Humbert wollte sterben, er hielt es mit sich und dieser Welt nicht mehr aus. Er diktierte seiner Mutter einen Brief an den damaligen Präsidenten Jacques Chirac. Er schrieb: „Bei

Ihnen, Herr Präsident, liegt das Recht der Begnadigung und ich erbitte von Ihnen das Recht zu sterben." Seine Mutter wollte seinem Leben ein Ende machen. Sie injizierte ihrem Sohn Natriumpentobarbital. Daraufhin fiel Vincent Humbert in ein tiefes Koma und starb zwei Tage darauf. Das und immer neue Fälle von Versuchen, gerichtlich das Recht auf Suizidbeihilfe zu erwirken, lösen nicht nur in Frankreich eine anhaltende Diskussion über alle Formen der Sterbehilfe aus.

Aber Sterben ist, wie die Liebe, vielschichtig. Es lässt sich nicht verallgemeinern. Schon gar nicht gibt es ein bestes Sterben. Was im Einzelnen geschieht, lässt sich nicht vorwegnehmen. Das Sterben ist voller Unbekanntheit und Vielfalt. Schon die Patientenverfügung ist in dieser Hinsicht ein Vorpreschen. Was, wenn jemand sterben will, stirbt, und nach einem Monat ist das lebensrettende Medikament zugelassen? Was, wenn jemand unverhofft Besserung erfährt, und was, wenn jemand in der ihn sterbensmüde machenden Krankheit erst seine Erfüllung oder, wie im eingangs erwähnten Film „An ihrer Seite" von Sarah Polley, seine Liebe findet? Was, wenn jemandem gesagt wird: „Du hast es ja so gewollt?" Und: Kann man sich vorstellen, dass man mehr am Leben hängt, wenn man seine Annehmlichkeiten zu verlieren beginnt? Ist es denkbar, dass einem in der noch verbleibenden Zeit eine neue Liebe zum Leben überkommt?

So gibt es auf die Frage eines selbstbestimmten Sterbens keine prinzipiell beste Antwort oder Lösung. Sie ist genauso unmöglich wie beim Schachspiel die Frage nach dem besten Zug. Es kommt auf die Situation an. Die Situation führt. Sie lässt sich schwerlich vorwegnehmen. Und diese Einsicht hat ihre Konsequenzen für alle Überlegungen zum Tod.

Die Schwierigkeiten beginnen schon bei der Definition von „Sterbehilfe“ und „Selbstbestimmung“. „Sterbehilfe“ lässt sich sehr weit fassen: als seelischer Beistand, geistige Hilfe, ärztliche Anwesenheit. Sie umfasst zunächst alles, was es leichter macht, mit dem Sterben zurechtzukommen. Im engeren Sinne umfasst Sterbehilfe die in der Öffentlichkeit und politisch immer wieder diskutierten Formen der passiven Sterbehilfe, der aktiven Sterbehilfe und des begleiteten Suizids. Aber was bedeutet Selbstbestimmung? Ist es Selbstbestimmung, eine in guten Tagen verfasste Patientenverfügung zu unterschreiben, die lebensverlängernde Maßnahmen ausschließt oder akzeptiert, auch wenn man nicht bei Bewusstsein ist? Ist es Selbstbestimmung, wenn ich einen begleiteten Suizid in Anspruch nehmen will, wie ihn die Sterbehilfeorganisation „Dignitas“ vertritt und durchführt? Ist es Selbstbestimmung, wenn ich jemanden auffordere, mich zu töten?

Schon bezüglich dieser drei genannten Formen des selbstbestimmten Todes gibt es große Unterschiede in der Einschätzung und in der Erlaubtheit. Während die aktive Sterbehilfe in den Niederlanden und in Belgien erlaubt ist, zieht sie in allen anderen Ländern strafrechtliche Verfolgung nach sich. Und während der begleitete Suizid in der Schweiz gesetzlich möglich ist, ist er in Deutschland, obwohl seit einigen Jahren auf der politischen Agenda, weiterhin verboten. Dass die Antworten auf die Frage nach Selbstbestimmung bis in den Tod mit Bedacht erfolgen sollen, hat gute Gründe. Was passiert mit einer Gesellschaft, die das Sterbenhelfen gesetzlich erlaubt? Ganz grundsätzlich und nicht aufgefächert in aktive und passive Sterbehilfe? Ist es moralisch besser, jemandem den Schierlingsbecher nur zu reichen (als ihn ihm auch noch einzuflößen)? Fragen über Fragen.

Von Angehörigen von Suizidopfern weiß man, dass sie weit stärker suizidgefährdet sind als der Durchschnitt der Bevölkerung. Der Lebenswille, der oft auch ein Durchhaltewille ist, scheint durch diese Erfahrung geschwächt. Suizid ist mit dem Suizidtod im nahen Umfeld plötzlich eine Option geworden, eine mögliche Antwort, eine Lösungsvariante im Durcheinander des Lebens. Angenommen, die Sterbehilfe setzte sich gesellschaftlich durch, die Gesellschaft erlaubte ein „vorzeitiges Ausscheiden" derart, dass jeder sich sein eigenes Ende setzen könnte. Schwächt sie damit nicht den Lebens- und Durchhaltewillen der Lebenden? Torpediert sie damit nicht jene Kraft, die auch eine Gesellschaft als Ganzes braucht, um immer wieder schwierige, im Moment unlösbare Situationen auszuhalten und durchzustehen?

Die Gründe für das Zögern, im Bereich der Sterbehilfe Gesetze zu schaffen, sind grundsätzlicher Natur. Zu viele Fragen. Zu viele unlösbare Probleme. Während die Ärzte angesichts der sich in der praktischen Durchführung ergebenden Abgrenzungsschwierigkeiten geteilter Meinung sind, haben die Gesetzesvertreter Angst vor einer Durchbrechung der Schranken zwischen passiver und aktiver Sterbehilfe und vor dem Missbrauch von Zugeständnissen. Gesetze seien nicht für den Ausnahme-, sondern für den Normalfall da. Für Ausnahmefälle wie

Vincent Humbert ließe sich, wird argumentiert, eine entsprechende Kommission bilden. Die äußerst vielgestaltige Diskussion unter Philosophen tut sich ebenfalls schwer mit der Frage, wo denn die aufklärerisch geforderte Selbstbestimmung ihre Grenze finde. Man darf nicht vergessen, dass die Philosophie der Aufklärung, die den Menschen als Selbsterlöser eingesetzt hat, in jeder Hinsicht Selbstbestimmung erwartet.

Seit der Renaissance wird an der Autonomie des Menschen, seiner Selbstverantwortlichkeit gearbeitet. Die Selbstverantwortlichkeit ist der höchste Wert abendländisch-westlicher Gesellschaften. Sie wird exportiert, wenn wir unsere Kultur globalisieren. Sie ist das Zentrum aller Einrichtungen, von der privaten Familie über die Marktwirtschaft bis hin zur politischen Demokratie. Die moderne Gesellschaft akzeptiert mit diesem Menschenbild keine Vorgaben mehr. Nurmehr die, dass der Mensch alles zu machen versuchen muss, nichts lassen darf, wie es ist. So wird auch das Sterben und der Tod zur Aufgabe, die geplant werden will. Nicht was das Testament betrifft, sondern das Sterben selbst.

Insbesondere die Medizin arbeitet ununterbrochen an der Selbstmächtigkeit des Menschen. Sie transformiert konsequent Vorgaben in Aufgaben. So wird vom modernen Menschen nichts mehr als unverrückbar und unverfügbar angenommen. Nicht mehr das Geschlecht des Nachwuchses und im Zeitalter der Transsexualität nicht einmal mehr das eigene Geschlecht. Auch nicht das Nachlassen der Kräfte, Körpergröße, Haar- oder Augenfarbe. Alles wird den jeweils herrschenden Vorlieben angepasst. Bald vielleicht werden die Eltern auf die Frage des zuständigen Amtes, ob das Kind ein Junge oder ein Mädchen sei, antworten, dass die Kinder, wenn sie volljährig seien, das selbst entscheiden sollen. So geschieht es nun auch mit dem Sterben und dem Tod. Man will ihn nicht akzeptieren, sondern zähmen und managen. Ihm die Sense entwinden.

Nicht nur von den Transhumanisten, die ihre Toten schon kryokonserviert in Spezialsärgen unter der Erde lagern, um sie wieder auferstehen zu lassen, wenn die Wiederbelebungsmaschinerien oder -pillen gut genug sind, wird über die Abschaffung des Todes nachgedacht. Die Frage, was das ewige Leben wäre, das wir dank Nanorobotern (Roboter von der Größe unserer Blutzellen, die alle Lebensfunktionen verbessern könnten), Gentherapie und Tissue Engineering (Gewebezüchtung) erreichen könnten, ist vielleicht allein schon hilfreich, sich zu vergegenwärtigen, was diese Utopie praktisch beinhalten würde.

Wieder Fragen über Fragen. Was wäre ein Leben ohne Frist? Ein endloses Leben, in dem alle Erfahrungen noch gemacht werden könnten, ein Leben, in dem alles korrigiert und alle Entscheidungen wieder getroffen werden könnten? Wäre es nicht ein absolut gleichgültiges Leben? Wäre es überhaupt ein Leben, das doch gerade aus der Endlichkeit seine Kraft und Intensität zieht? Ist das Unverfügbare von Geburt und Tod nicht die absolut notwendige, weil noch letzte Halt gebende Klammer im Leben selbstbestimmter Menschen? Eine Klammer, die gerade durch die wachsende Autonomie des Individuums im Sinne eines erfüllten Lebens an Bedeutung noch gewinnen sollte? Und sind im Tod nicht alle gleich?

Im Zeichen der menscheneigenen Autonomie, dieser Errungenschaft, um die tausend Jahre gekämpft worden ist, einer Autonomie von überirdischen und irdischen Gewalten, will der moderne Mensch keine Unverfügbarkeiten mehr in sich und mit sich akzeptieren. Er arbeitet folgerichtig am Management des Todes. Das Unvermeidbare und nicht Voraussehbare will voraussehbar und, letzten Endes, vermeidbar gemacht werden.

Suizid ist Möglichkeit und Teil der menschlichen Freiheit. Die todbringende Tablette in der Handtasche die ultimative Steigerung der eigenen Machseligkeit. Aber Freiheit lebt von der Gewährung und vom Gewährenlassen Anderer. Freiheit findet ihre Grenze in der Freiheit anderer Personen, die wünschen, dass wir leben und nicht sterben, und deren Leid mit unserem Tod größer wäre als mit unserem Dahinsiechen. Freiheit hat auch darin ihre Grenze, dass man als todkranker oder lebensmüder Mensch häufig nicht mehr in der Lage ist, seine eigene Situation korrekt zu beurteilen. Es bedarf des Rates und der Begleitung Dritter. Oder, wie Ludwig A. Minelli, der umstrittene Gründer der Sterbehilfeorganisation „Dignitas“, salopp formuliert: „Man geht nicht auf eine große Reise, ohne das Reisebüro konsultiert zu haben, und man geht nicht auf eine große Reise, ohne sich von seinen Angehörigen und seinen Freunden verabschiedet zu haben.“

Aber überfordern sich die Menschen mit dem Wunsch nach selbstbestimmtem Sterben nicht selbst? Das Sterben ist schließlich, wie Max Frisch meint, das Einzige, worauf man im Leben nicht trainiert werde. Und Woody Allen hat einmal gesagt, dass er keine Angst vor dem Sterben habe, dass er nur nicht dabei sein wolle, wenn es passiere. Hinter der Selbstüberforderung steht doch letztlich der Gedanke, dass Leben nur dann lebenswert ist, wenn es selbständig, ohne Angewiesenheit auf andere gelebt werden kann. Aber ist die Abhängigkeit von anderen immer eine Katastrophe? Ist es nicht beruhigend, am Ende seines Lebens nicht mehr alles verantworten zu müssen? Gibt es nicht ungezählte kleine Dinge, bei denen man froh ist, dass man für sie nichts kann? Mit anderen Worten: Fährt man nicht besser mit der Annahme des Todes als mit seinem Management? Bindet die ständige Opposition zum eigenen Schicksal und das ständige Aufpassen auf den richtigen Zeitpunkt des Sterbens nicht zu viel Energie? Gerät man nicht schlimmstenfalls in eine lebenslängliche Hast, wenn man dem Tod zuvorkommen will?

Die christliche Bearbeitung des Todes lehrt den Vorzug einer gelassenen Hinnahme. Ob das Vertrauen in einen Gott, der gütig waltet, sich durch das Vertrauen in die anderen, die Mitmenschen, die Angehörigen, Ärzte und Pfleger, ersetzen lässt? Und ob der am wenigsten vorausbedachte Tod, wie es laut Montaigne Caesar vermeinte, der unbeschwerteste und glücklichste sei, bleibe dahingestellt. Die Angst vor dem Tod ist auch das Resultat unserer Ungeduld. Den Tod unbedingt in die eigenen Hände nehmen zu wollen erfordert Vorkehrungen, die einen vielleicht früher als nötig leiden lassen. Die übersteigerte Selbstmächtigkeit übt Druck auf den Tod aus. Und sie ist das Gegenteil einer akzeptierenden und annehmenden Haltung.

Die Theologin Dorothee Sölle hat sich in ihrem letzten Buch mit dem Tod auseinandergesetzt. Sie kämpft gegen die Vorstellung an, dass der Tod der Tod eines Einzelnen sei. Sie erachtet es ebenfalls als eine maßlose Selbstüberforderung, den eigenen Tod zu bestimmen, ihn wie eine erstandene Sache festzuhalten, ihn für sich zu reklamieren. Wer so denkt, nimmt sich selbst in Geiselhaft. Wenn die Beziehung zu Gott, wie heute für die meisten Menschen, eine gebrochene ist, dann müssen an ihre Stelle andere treten, nicht die egoistische Beziehung zu sich selbst, sondern die vertrauensvolle Annahme der anderen.

Warten als Hingabe an das Leben mit der Vorbereitung aufs Sterben ist auch der Grundsatz der sogenannten Palliativmedizin, die kranken Menschen auf dem letzten Streckenabschnitt Linderung bieten soll. Auch sie orientiert sich am Leben und nicht am Tod. Obwohl sie zum Einsatz kommt, wenn die Aussicht auf Heilung erloschen ist, ist ihr Grundsatz die qualitative Verbesserung der noch verbleibenden Lebenszeit und nicht das „Hinarbeiten auf den Tod". Der nicht mehr zu Heilende kann mit Hilfe der Palliativmedizin dann gehen, wenn seine Zeit gekommen ist. So ist es auch bei einer Geburt. Das Kind soll kommen, wenn es soweit ist, nicht, wenn der Arzt oder die Eltern es als günstig erachten. „Der Tod äfft die Geburt nach, beim Sterben sind wir so hilflos und nackt wie neugeborene Kinder. Wir bekommen das Leichentuch zur Windel ... Wir können im Grab so gut wimmern wie in der Wiege", so Georg Büchner in „Dantons Tod".

Geburt und Tod gehören zusammen. Beim Sterben geht der Sterbende wie ein Kind aus dem Leib seiner Mutter aus der Pforte des Lebens. Gebären kann sich der Mensch nicht allein. Sterben könnte er allein. Aber hilft diese Möglichkeit, gut zu sterben? Muss man sie nutzen, weil es sie gibt? Ist es ratsam, den Tod als etwas Verfügbares anzusehen? Hat das Unverfügbare des Todes nicht auch etwas zutiefst Beruhigendes? Nicht einfach darum, weil wir ungleich zur Welt kommen, aber gleich sterben. Das ganze Leben ist von seinem Ende her gebaut, gewinnt seine Kraft und Intensität aus der immer näher rückenden Endlichkeit. Vielleicht hat unsere Epoche der Machseligkeit und des Managements, die alles Unverfügbare in Verfügbares, alles Unbedingte in Bedingtes verwandeln will, das Beruhigende des Unverfügbaren verdrängt. Dass es noch Ereignisse gibt, für die man bei aller Selbstverantwortlichkeit nichts kann, hat doch etwas zutiefst Tröstliches. Man könnte denken, dass gerade der moderne mitteleuropäische Mensch, den die aus der Selbstverantwortung erwachsenden Aufgaben immer mehr auch an den Rand der Erschöpfung treiben, diese Unverfügbarkeit des Todes willkommen heißen könnte. Auch, um seinem unruhigen, mitunter chaotischen Leben die eigentlich zwingend notwendige Klammer, den noch letzten verbleibenden todsicheren Halt zu geben.

■

Die Sterbehilfe lässt nicht mehr einfach sterben. Das Sterben überfordert den Menschen in seiner Autonomie, weil es letztlich unmöglich ist, im Vorhinein zu bestimmen, wie man einst sterben möchte. Autonomie kann auch darin bestehen, sich getrost in die

Hände anderer zu begeben. Ein gelingendes Altwerden und auch Sterben lässt sich auch als Loslassen der Selbstbestimmung denken. Und dass es noch Ereignisse gibt, für die man bei aller Selbstverantwortlichkeit nichts kann, hat auch etwas Tröstliches – gerade für den modernen mitteleuropäischen Menschen, den die Aufgabe der Verantwortlichkeit für sich selbst immer mehr an den Rand der Erschöpfung treibt.

14. Gewonnene Zeit. Für Paare. Für alle.

Hanna Merke, eine der 10000 Hundertjährigen Deutschlands, hat auf die Frage, welche Vorteile das Alter biete, entgegen allen Vorurteilen ihre neuen Freiheiten betont: aufstehen, wann sie will, fernsehen, was sie möchte, Klavier spielen, wenn sie gerade Lust hat. Für die jungen Alten ist das in der Regel zu wenig, für die Herren der Schöpfung sowieso. Sie wollen nicht nur machen, was sie wollen, und schon gar nicht nur zu Hause. Sie wollen noch verpflichtet sein, Pflichten haben. Die neu hinzugewonnene Zeit soll mehr bedeuten als die kleinen neuen Freiheiten, die sie genießen.

Die gewonnenen Jahre sollen gute, sinnvolle und nicht einfach genussvolle Jahre werden. Noch aber ist der Abschnitt, der sich zwischen die mittleren Jahre und das hohe Alter schiebt, eine merkwürdig leere Zeit. Wie sich in einer Wasserwaage bei veränderter Lage die Luftblase hin zu einer neuen Mitte schiebt, muss im Leben der jungen Alten die Balance erst noch gefunden werden. Diese Suche nach dem neuen Gleichgewicht wird von Frauen und Männern höchst unterschiedlich gestaltet. Mit der Pensionierung fallen Männer typischerweise in eine Leere, während Frauen eher in diese neue Phase hinübergleiten. Männer erfahren im Alter einen abrupten Rollenwechsel, den die Frauen in ihren Doppelbelastungen längstens geübt haben. So kehrt sich vor allem bei langjährigen Beziehungen das Bild von der Frau im Schlepptau des Mannes allmählich um. Nun ist er es, der seine Frau begleitet

– beim Einkaufen, bei der Enkelbetreuung, beim Besuch von Freunden.

Auf Gemälden des 19. Jahrhunderts sind die Lebensalter als Personen dargestellt. Mit Sinnsprüchen zu ihrem Alter versehen, stehen sie auf einer bogenförmigen Treppe. Bei den Frauen wird der Scheitelpunkt mit 30 erreicht, dann beginnt der Abstieg Stufe um Stufe. Zuunterst am Ende, am offenen Grab hadert eine hexenartige Alte mit Haube und Krücke mit ihrem Schicksal. Männer indessen erklimmen den Höhepunkt mit 50, der Abstieg hat fünf (nicht wie bei den Frauen drei) Stufen und endet mit 100, wo der Greis in den Armen einer jungen Frau, beschenkt mit einem Glas Wein, lebenssatt ins Grab sinkt.

Wie hat sich die Szenerie geändert! Die Frauen überleben inzwischen die Männer. Sie werden um etwa fünf Jahre älter und derzeit im Durchschnitt fast 90 Jahre alt. Und es scheint, dass zwar das Altern bei den Frauen schneller sichtbar wird und sie sich vehementer mit kosmetischen Verjüngungsversuchen dagegenstemmen, aber schließlich doch weniger mit ihrem Schicksal hadern als die Männer. Während Frauen bereits um die 30 mit der Geburt der Kinder so etwas wie einen Pensionierungsschock erfahren (wenn sie ihre Berufstätigkeit aufgeben oder drastisch reduzieren), erste Falten haben (ihre Haut ist dünner als jene der Männer und runzelt rascher) und mit abnehmender Fruchtbarkeit konfrontiert sind, nehmen Männer jenes Leben jenseits von Beruf oder Berufung oft erst nach 60 so richtig wahr. Ihr alternder Körper gerät erst dann – dafür nicht selten in hypochondrischer Art und

Weise – in ihren Fokus, wenn er nicht mehr reibungslos funktioniert.

Aber nicht nur physiologisch altern Frauen anders als Männer. In der in deutschen Städten gezeigten Foto-Ausstellung „Jahrhundertmensch“ blicken die Frauen mit 100 entschieden froher in die Welt als die noch verbleibenden Männer. Die Suizidquote der alten Männer ist mehr als zweieinhalb Mal so hoch wie jene der gleichaltrigen Frauen. Weil Frauen anders als Männer leben, altern sie auch anders. Frauen befassen sich in der Regel nach wie vor ausgeprägter mit den sich ständig wiederholenden Alltäglichkeiten. Zeit ihres Lebens haben sie ihren Blick für jene Dinge geschärft, die zur Bewältigung eines banalen Alltags gehören, und ertragen so vielleicht seine Gleichförmigkeit besser.

Eher als Frauen stürzen Männer im Alter also in eine Krise – die sich dann auch in der Paarbeziehung zeigt. Da werden dann nochmals all die wohlbekannten Stellvertreter-Geschlechterkriege geführt: Wer putzt wann wie viel und wo? Er versucht vielleicht, seinen beruflichen Bedeutungsverlust zu Hause zu kompensieren, und sucht gereizt und hyperaktiv nach neuen Betätigungsfeldern, ihr geht seine Daueranwesenheit auf und an die Nerven. Statt von Untergebenen Leistungen zu verlangen, fordert er ein pünktliches Mittagessen ein. Anstatt sich an die Kern- und Sinnfragen heranzutasten, verschweigen und verdrängen beide, was sie längst wissen: Altern dauert. Auch gemeinsames Altern.

In einem einzigen Jahrhundert hat sich mit drei hinzugewonnenen Jahrzehnten der Vorhang zu einem neuen Lebensabschnitt aufgetan, für den es in der bisherigen Geschichte keine Beispiele gibt. Diese neue Phase dauert noch einmal fast so lange wie die Erwerbsphase und die Jugendzeit. Die Bilder für eine Lebenstreppe, die diesen Abschnitt einschließen, sind noch nicht gemalt. Auch nicht das unterschiedliche Altern jener Männer und Frauen, die heute noch nicht im Pensionsalter sind und mit dem Anspruch durchs Leben gehen, Pflichten und Rechte, Berufliches wie Privates gleichmäßiger zu verteilen. Wird die Karrierefrau ähnlich schwer altern wie der Karrieremann, der in die Pensionierung gezwungen wurde? Und der geübte Alleinstehende oder fürsorgliche Vater ebenso unbemerkt wie jene Frauen, die stets im „back office" die Fäden zogen? Ein Stück weit scheinen es die Hormone zu richten. Eine körperliche Androgynisierung führt dazu, dass Männer durch weniger Testosteron und mehr Östrogen verweiblichen und alternde Frauen wegen umgekehrter Hormon-Konstellation vermännlichen. Frauen werden im Laufe des Lebens durchsetzungsfähiger, Männer empathischer, weicher, im hohen Alter womöglich auch schnell schwächer. Trotzdem, Biologie ist nicht alles.

Im Rampenlicht des neuen, noch nicht geschriebenen Aktes machen sich allerhand selbsternannte Regisseure und Propheten wichtig, verkünden ihre Prognosen und schauen angestrengt in die Zukunft. Es sind die Männer, die sich dabei gerne hervortun und die Frage eines neuen Miteinanders alternder Paare komplett auslassen. Sie wollen Geschichte schreiben und nicht eigenen Befindlichkeiten Raum bieten.

Die meisten schreiben, in Ermangelung eines Drehbuches, die alten Vorstellungen in diesen neuen Abschnitt hinein einfach fort. Pflegebedürftigkeit wird auf 30 Jahre hochgerechnet, die Rentenentwicklung bis zum Jahre 2050. Es fehlt nicht an apokalyptischen Horrorszenarien: die Altersfalle schnappt zu wie ein riesiges Krokodil, Generationenkriege werden in Anschlag gebracht, altertümliche Mann-Frau-Bilder restauriert, nach Hilfe schreiende Hochbetagte, verwirrt in den Straßen herumstreunende Alzheimerkranke.

Es fehlt daneben, insbesondere bei den Alten selbst, auch nicht an kitschigen Szenarien für diesen neuen Abschnitt: Szenen aus Reiseprospekten, wo Betagte gelassen an der Reeling stehen und auf das weite Meer hinaus schauen. Szenen wie im Musikantenstadel, wo Alte für Alte – für den Gemeinschaftstanz in der Regel akkurat nach Geschlechtern gemischt - singen. In den Themenabenden und –wochen im Fernsehen werden Szenen aus Altersheimen und geriatrischen Kliniken gezeigt, bei denen sich herzerweichende Begebenheiten zwischen Urgroßmüttern und Urenkeln, zwischen Todkranken und Kerngesunden abspielen.

Weder die Horrorszenarien noch die Kitschorgien haben indes viel mit der Lebensrealität jener Frauen und Männer zu tun, die sich selbst in diesem Stück befinden und die selbst, Tag für Tag, über das Skript entscheiden müssen, das sie zu realisieren gedenken. Mitspielen tun überdies nicht nur die Älteren selbst, sondern eigentlich alle. Nicht nur, weil auch jene, die sich noch Stufe um Stufe aufwärts, ihrem Scheitelpunkt entgegen bewegen, später in diese neue Situation kommen werden. Alle machen die Zukunft. Alle, jung und alt, Frauen wie Männer, sind Beteiligte an dieser Spreizung des Lebens, alle sind gefordert, sich an der Sinngebung dieser neuen Lebensepoche zu beteiligen. Eine scharfe Aufgabentrennung – die Frau als „Innenministerin“ und der Mann als „Außenminister“ – wird sich dabei über kurz oder lang nicht halten können. Viel wahrscheinlicher werden im Laufe dieser langen Leben mehrmalige „Ressortwechsel“ und vor allem auch neue Aufgabenkombinationen.

Während die Jungen noch mit Anfang und Aufbau aus- und überlastet sind, nimmt mit dem Alter und der verfügbaren Zeit in aller Regel auch die Mitverantwortung und das Pflichtgefühl für das Ganze zu. Die Vielzahl von älteren Menschen und Betagten, die ehrenamtlich und in Vereinen in unterschiedlichsten Lebensbereichen engagiert ist, spricht eine deutliche Sprache. Blumen gießen und Briefmarken sammeln, Behindertentaxi fahren und Altenheimtiere pflegen reicht indes nicht. Die so geleisteten Beiträge für Kommune, Familie, allgemeine Wohlfahrt sind zwar enorm – und so bekannt, dass man wenig dazu sagen muss. Mitverantwortung und Verantwortung für das Ganze lässt sich aber auch offensiver verstehen. Es wimmelt ja von Seniorenräten, Pensionistenverbänden und Rentnervereinen. Dass Freiwilligenarbeit und ehrenamtliche Tätigkeiten nicht unter ihrem Wert verkauft werden sollten, ist selbstverständlich. Aber allzu häufig fungieren sie als Kompensation nicht vorhandener, normal bezahlter Erwerbsarbeit und werten die älteren Teilnehmer faktisch ab.

Entgegenwirken lässt sich dieser Tendenz nur mit einer stärkeren Beteiligung älterer Menschen in der Politik. Besonders der Frauen. Ab 80 gibt es ohnehin fast keine Männer mehr. Nicht nur als Wähler sollten die Alten in Erscheinung treten, sondern auch als Volks- oder – wie man jetzt besser sagen könnte – als Kohorten- oder Altersgruppenvertreter. Nicht selten wird heute das Gegenteil gefordert – die resolute Verjüngung der Parlamente und Regierungen. Mit der Begründung, die Jungen sollten über ihre eigene Zukunft bestimmen können und nicht die Alten. Aber stimmt es denn, dass die Alten kaltherzig ihre eigenen Vorteile maximieren wollen? Und was wäre, wenn in den Parlamenten mehr Frauen säßen? Stimmt es denn, dass die Jungen bereits ab 16 oder 18 erkennen, was für ihre Zukunft gut und richtig ist? Ist es zutreffend, dass alleine die Jungen in der Lage sind, ihre eigene Zukunft zu gestalten? Was sicher stimmt, ist, dass die Jungen sich noch nie massenweise in die Politik eingemischt haben und sich wohl noch nie so recht fürs Ganze, für das hehre Allgemeinwohl in seiner ganzen Komplexität einsetzen mochten. Sie haben anderes zu tun. Und das ist auch gut so. Angesichts der rührenden Sorge der Alten um ihre eigenen Kinder sollte das Generationenverständnis bei mehr älteren Abgeordneten jedenfalls nicht leiden – auch nicht in der Politik.

Dass es bei der Realisierung der neu eroberten Freiheiten der Alten zu Übertreibungen und Fehleinschätzungen kommt, ist nicht zu übersehen. Das Herumprobieren, wie man jetzt sein könnte oder am liebsten sein würde, wie man sich kleidet und wie man sich gibt (bis hin zum „Designed Desire“, den kleinen Hilfen für die Sexualität im Alter), diese Geh- oder besser

Hüpf- und Springversuche muten manchmal seltsam an. Aber Alter schützt eben vor Torheit nicht. Auch nicht bei jenen, die gemeinsam altern. Viele sind vielleicht überrascht, dass die neue Freiheit der hinzugewonnenen Jahre für ein Paar nicht gleichbedeutend ist mit der Freiheit des jeweils Einzelnen. Die Neufindung ihrer sich verändernden Rollen als jungaltes Paar bereitet vielleicht mehr Schwierigkeiten, als man sich eingesteht. Hatte man das gemeinsame Frühstück im Bett, die Ausflüge, Enkel-Ferien gedanklich schon tausendmal durchgespielt, kommt nun nochmals vieles anders. Zwar kehren Frauen und Männer mit dem Eintritt ins Alter wegen der erwähnten Androgynisierung aus dem Exil der geschlechtsspezifischen Einseitigkeiten zurück, doch genügt allein diese Rückkehr für ein anderes, neues Miteinander in der Regel nicht. Der Blick des Einzelnen auf die gemeinsame Geschichte ist und bleibt unterschiedlich. Und muss in seiner Unterschiedlichkeit respektiert werden. Ein versöhnlich gestimmter Blick an der Reeling auf dem Schiff dieser gemeinsamen Reise ist nur dann möglich, wenn sich beide vorher umgedreht und die Wellen und Strudel, die auf dem Weg hinter ihnen liegen, auch in ihrer ganzen Größe und Heftigkeit zur Kenntnis genommen haben.

Freiheit ist nun einmal anstrengend. Gerade im Alter, wenn neue Freiheiten locken. Haben die Alten den Kindern bislang Vorhaltungen wegen eines mitunter chaotischen Umgangs mit den neugewonnenen Freiheiten gemacht, so sind es jetzt die Alten, die mit einer Flut neuer Möglichkeiten umgehen lernen müssen. Freiheit heißt wählen und sich entscheiden. Entscheiden heißt scheiden, und scheiden tut weh. Im fortgeschrittenen Alter ist das dauernde Sich-entscheiden-Müssen nicht jedermanns Sache.

Scheiden heißt loslassen. Und loslassen ist eine immer und überall gepriesene Losung, um mit der neuen Lebensphase zurechtzukommen. Kindheit und Jugend muss man loslassen können. Als Kind musste man Scheidungsenergie für Dinge entwickeln, die man gerne gehabt hätte, als älterer Mensch benötigt man sie gegenüber Dingen, die man hat. Die Glücksbringerliteratur glorifiziert das Lassen und bleibt meist darin hängen.

In der Jetztzeit ist Loslassen aber definitiv zu wenig. Man stelle sich vor, die den Haushalt besorgenden Frauen würden ab 60 loslassen! Auch einem Schiffbrüchigen, der bereits Land sieht und sich an seine Bohle klammert, zuzurufen, er möge doch loslassen, wäre zynisch. Was denn loslassen? Sich selbst? Das, was man nach einer langen Kette von Entscheidungen als „sein Leben" bezeichnen kann? Am Ende gar noch vorzeitig das Leben? Nein. Zum Annehmen und Loslassen muss etwas Zweites treten. Dieses Zweite heißt Annahme und Aneignung neuer Aufgaben. Loslassen muss man, um Platz zu schaffen für neue Herausforderungen. Als Einzelner, als Paar und als größere Gemeinschaft. Nicht jeder ist zwar ein Johann Sebastian Bach, ein Pablo Casals oder ein Picasso, die gerne als leuchtende Beispiele von Kreativität und Kraft im Alter herangezogen werden. Nicht jeder spielt Klavier oder hat ein Cello zum Freund. Aber für alle wechselt das Licht und ändern sich die Schatten.

Zur Definition und zum Finden neuer Aufgaben und Verbindlichkeiten gehört deshalb die Selbstvergegenwärtigung. Das Innere auszuleuchten tut not, allein und gemeinsam. Mit sich ins Reine kommen, das ist die Aufgabe dieses Lebensabschnittes. Sich fragen, was man aus seinem Leben gemacht hat und noch machen kann und will.

Dass diese persönlichen Überlegungen mit einer zukunftsorientierten Sicht einhergehen müssten, mit einer Neustrukturierung des Lebenslaufes und einer Neuverteilung der Zeit zwischen den Generationen, innerhalb der Paarbeziehung und im individuellen Lebenslauf selbst, versteht sich. Die Differenzierung „in eine erste Phase des Lebenslaufs, in der die Bildung dominiert, eine zweite Phase, in der der Beruf dominiert, und eine dritte Phase, in der die Freizeit dominiert, muss aufgegeben werden" – so der Vorsitzende der Altenberichtskommission der deutschen Bundesregierung, Andreas Kruse.

Kurzum: Wir haben mehr Zeit zum Leben bekommen. Diese neue Lebensphase, die uns ungeplant und ungewollt als Ergebnis einer freiheitlich-offenen Gesellschaft und des medizinischen Fortschritts zugewachsen ist, öffnet den Vorhang zu einem „late-life", einem Spät-Leben, das noch definiert, strukturiert, mit Sinn versehen werden muss.

Ein Sinn könnte nicht zuletzt darin bestehen, dass ältere Menschen unserer heißlaufenden und fast verbrennenden Gesellschaft mehr Gewicht verleihen, auch durch ihr politisches Engagement. Dass sie diese beinahe Angst machende Dynamik moderner Gesellschaften, in der alle gleichzeitig Treiber und

Getriebene sind, verstetigen und verlangsamen. Und dem allüberall wirkenden Druck zur Verzweckung noch des allerletzten Winkels unserer Leben sich vehement entgegenstellen.

Hat die Gesellschaft diesen Sinn nicht längst entdeckt? Und ist die durch das Massenaltern erfolgende längere Präsenz eines geschichtlichen Gedächtnisses nicht eine erfolgversprechende Kompensation rasch verschwindender Gewissheiten und Traditionen? Die Widerständigkeit des Alters in seinen äußerst unterschiedlichen Ausformungen beschleunigt diese Verlangsamung. Und die bange Frage von Peters 96-jähriger Mutter, ob sie noch zu etwas nütze sei, birgt eine wichtige anarchische Sperrigkeit in sich. Eine Gesellschaft, die es nicht nur erträgt, sondern begrüßt, in ihrer Fortschrittseuphorie die Alten als Korrektiv und Sand im Getriebe anzuerkennen, bekennt sich auch zum Grundwissen der Humanwissenschaften, dass der Mensch nicht nur eines Zweckes wegen da ist.

In Soglio im Bergell, im Garten des Palazzo Salis haben wir kürzlich die beiden prächtigen, mit ausladendem Wurzelwerk ausgestatteten Mammutbäume bewundert, die Gerhard Meier, der Schweizer Autor, in seinem so anrührenden Buch „Ob die Granatbäume blühen“ (es ist seiner verstorbenen Frau Dorli gewidmet) beschrieben hat. Was gefällt an diesen pflanzlichen Wunderwerken, wie überhaupt an den alten Bäumen? Das großartige, verkeilte und verschlungene Wurzelwerk, das der Baum gebildet hat, um sich in den Stürmen der Natur aufrecht zu halten. Die alten Menschen, Männer und Frauen gleichermaßen, bilden das Wurzelwerk einer jeden

Gesellschaft. Und es ist ein Glücksfall, wenn dieses, wie in unserer Gesellschaft, so kraftvoll ausgebildet ist.

■

Nie gab einem das Leben so viel Alter, auch ein von Frauen und Männern unterschiedlich geformtes Alter. Und nie war diese Zeit so unsicher, eine Zeit des Herumprobierens, der Sinngebungsversuche, neuer Lesarten und veränderter Annäherungen seitens der Männer und der Frauen. Um aus dieser gewonnenen Zeit etwas zu machen, muss man nicht fortsetzen, was man kennt, sondern Platz schaffen für Neues. Auch für politisches Engagement und neue Rollen in alten Paarbeziehungen. Wir brauchen alte Menschen nicht zuletzt als Korrektiv und Sand im Getriebe einer stetigen Beschleunigung. Sie bilden das Wurzelwerk unserer Gesellschaft.

15. Halbfertiges Drehbuch

Altern gab es immer, alle altern, schon die Kinder. Aber heute altern alle länger. Für alle öffnet sich eine neue Zeitspanne im Leben. Diese Neuzeit ist leise und unmerklich über uns gekommen. Wir haben sie spät bemerkt. Zu sehr waren wir über Jahrzehnte mit Fragen der Überbevölkerung, mit Platznöten, Konjunktureinbrüchen und Börsenblasen befasst. Nun liegt ein neuer Abschnitt vor uns und will definiert, strukturiert, mit Sinn erfüllt werden. Jede Leere macht Angst und entsprechend bedrohlich sind die Szenarien, die aus der demografischen Entwicklung abgeleitet werden: Generationenkämpfe, Pflegenotstand, Bevölkerungsschwund, Alzheimer, Rentnerdiktatur.

Diese Entwicklung, so der Tenor dieser Schrift, ist gewiss eine Herausforderung. Und die Folgen schwer absehbar. Gleichwohl besteht kein Anlass zu Untergangsszenarien. Im Gegenteil. Nicht nur von den über die gewonnene Zeit sich freuenden Generationen her gesehen. Sondern auch aus der Perspektive der Jungen, die in eine Gesellschaft hineinwachsen, die historisch ohne Vorbild ist. Erstmals in der Geschichte mehr Alte als Junge zu haben, ist keine Katastrophe, sondern ein Glücksfall.

Die politischen und wirtschaftlichen Konsequenzen einer langlebigen Gesellschaft sind nur dann bedrohlich, wenn an den bisherigen Systemen, Vorgaben und Eckpunkten festgehalten wird. Aber die Zukunft lässt sich nicht einfach aus der Gegenwart fortschreiben. Wir wissen noch nicht, was wir noch nicht wissen, wie es der Soziologe Niklas Luhmann einmal elegant ausgedrückt hat. Es grenzt deshalb an Unverschämtheit, über die Folgen der Überalterung im Jahr 2040 oder 2050 und die Lasten für die übernächste Generation zu lamentieren. Ohne gleichzeitig zu bemerken, dass es von unserer Gestaltungskraft abhängt, wie unsere Welt in den nächsten Jahrzehnten aussehen wird. Auch was die Lebenserwartung und die Geburtenzahlen betrifft.

Die jetzt Jungen werden vielleicht vor ihren Eltern sterben, wenn sich ihre Lebensbedingungen drastisch verschlechtern. Und die jetzt geborenen Kinder (es sind wieder mehr als letztes Jahr, zumindest in der Schweiz) werden im Jahr 2050 43 Jahre alt sein und vielleicht doppelt so viele Kinder haben wie wir. Es gibt keine „natürlichen Verhältnisse", weder für Geburtenquoten noch für Berentungsgrenzen. Und es gibt so wenig eine verzerrte Alterspyramide wie eine richtige, natürlich ist weder die pyramidale Struktur des Bevölkerungsaufbaus, noch ist es die pilz- und urnenförmige.

Fälschlicherweise dient immer wieder die Vergangenheit als Maßstab der Gegenwart und die Gegenwart als Vorlage für eine mögliche Zukunft. Wer einen Antrag auf die Wiederkehr vormoderner demografischer Strukturen stellen möchte, müsste aber strenggenommen, zusammen mit der Abschaffung der Pille, die einen freien Entscheid über das Kinderhaben erst ermöglichte, einer Verkürzung der Lebenserwartung das Wort reden. Das wiederum will niemand. Es gilt also vielmehr, den Fragen, die die moderne Gesellschaft uns stellt, mit neuen Antworten zu begegnen.

Die Philosophen haben, so Karl Marx in der 11. Feuerbachthese, die Welt nur verschieden interpretiert. Es komme aber darauf an, sie zu verändern. Die Verhältnisse verändern sich derzeit jedoch so rasend schnell, dass es umgekehrt darauf ankommt, diese Dynamik zunächst neu zu interpretieren. Das vorliegende Buch erarbeitet eine Deutung der demografischen Entwicklung, die das neue Alter prinzipiell als eine Stärke moderner Gesellschaften sieht. Alle Kapitel, von Alzheimer bis Viagra, von Generationenzusammenhalt bis zum Sterben erproben diese Sichtweise und stellen Denkmöglichkeiten zur Diskussion, die noch zu wenig oder gar nicht gedacht sind.

Das Drehbuch des Alters neu schreiben. 15 Thesen

1. Freude am weißen Blatt.
Wie allem Neuen fehlt dem neuen Altern noch der Sinn. Statt Angst vor der Leere eines neugewonnenen Lebensabschnittes braucht es Freude am weißen Blatt. Und Freude daran, nicht einfach Altes fortzuschreiben, sondern einem neuen Stück auf die Bühne des Welttheaters zu verhelfen.

2. Keine alten Antworten auf neue Herausforderungen.
Die Bevölkerungsentwicklung ist das Resultat freier Entscheidungen. Und es ist ein Segen, dass wir in gut einem Jahrhundert zwei Jahrzehnte Lebenszeit gewonnen haben. Es ist eine großartige Errungenschaft moderner Gesellschaften, dass Paare selbst darüber bestimmen können, ob und wann sie Kinder haben wollen. Rückerstattungsanträge auf vormoderne Gesellschafts- und Familienstrukturen führen in eine Sackgasse.

3. Die „Altersurne" ist menschenfreundlicher als die Alterspyramide.
Die demografische Struktur ist weder von Natur aus noch von der Vergangenheit her vorgegeben. Es gibt keine verzerrte Altersstruktur. Bei genauerem Hinsehen ist die klassische Alterspyramide mit breiter Basis an Kindern sogar eine mörderische Struktur.

4. Alterskrankheiten öffnen Sinnfenster.

Mit der verlängerten Lebenserwartung werden Alterskrankheiten wie Demenz und Alzheimer zu etwas Normalem. Dementsprechend muss der Umgang mit diesen alterstypischen Erscheinungen erlernt werden. Sie öffnen nämlich auch Sinnfenster und ermöglichen ein anderes Sich-Befassen mit Sterben und Tod. Gerade ein langsames Sterben ermöglicht gegenüber dem schnellen Tod ein Abschiednehmen, bei dem der Tod kein Todfeind ist.

5. Sexualität ist nicht die Essenz einer Liebesbeziehung.

Liebe gleicht einem Kristall, der je nach Lichteinfall in einer anderen Farbe schimmert. Viagra, auch wenn es entsprechende Diskussionen gerne suggerieren, macht noch keine Erotik. Liebe ist und wird – gerade durch die verlängerte Lebenszeit – auch und vor allem freundschaftliche Hingabe. Alte dürfen alles und können vieles. Auch sich zum nachlassenden Interesse an der Sexualität bekennen.

6. Weniger Kinder bedeuten mehr Liebe.

Weniger Kinder bedeuten nicht weniger, sondern mehr Liebe. Und weniger Kinder erhöhen nicht nur die Erb-, sondern auch die Zuneigungsquote – und das immer häufiger über vier Generationen hinweg. Auf weniger Kinder ist mehr Verlass, weil sie sich in der Regel auf ihre Eltern verlassen konnten. Und: Auf Blut und Boden beruhende Gemeinschaften sind nicht die einzigen Fundamente für die Gesellschaft von morgen.

7. Weniger Jugendliche heißt: weniger Druck, weniger Gewalt.

Weniger Kinder bedeuten auch weniger Jugendliche. Weniger

Jugendliche bedeuten mehr Platz, weniger Gerangel, mehr Chancen für den Einzelnen. Wenn Jugendliche keinen Platz in der Gesellschaft finden, kommt es zu einem Überdruck mit den bekannten Folgen: Aufstau von Unzufriedenheit, gegenseitiges Misstrauen und im Extremfall Gewalt.

8. Jugendwahn ist jugendlich verpackter Alterswahn.
Aus Jugendwahn entsteht derzeit mehr und mehr ein jugendlich verpackter Alterswahn. Viel Zeit und Geld dienen dem Konservieren von Jugendlichkeit. Eine alternde Generation, die einst lauthals den Alten ihre Privilegien nehmen wollte und nun durch „Trimm dich auf jung“ versucht, der Jugend ihre Vorrechte zu nehmen, gewinnt nicht an Frische, sondern erntet Spott.

9. Es gibt einen Hunger nach Sinn, nicht nach Nahrung.
Armut ist heute mehr ein Problem der Jungen als der Alten. Die Existenz der Alten krankt am fehlenden Sinn für den neuen Lebensabschnitt. Diese Sinngebung darf nicht nur durch Briefmarkensammeln, Aktien horten und Kreuzfahrten erfolgen, sondern durch ein verbindliches Engagement in allen Teilen der Gesellschaft.

10. Alte Menschen sollen länger, aber auch anders arbeiten.
Alte können und sollen nicht einfach länger, sondern auch anders arbeiten – vor allem auch dort, wo sie vom Kunden gewünscht sind. Maßstab für die Beschäftigung über das Pensionsalter hinaus ist das Alter der Kunden einerseits, die Altersstruktur der Gesellschaft andererseits. Und die Lust am Tätigsein.

11. Alle zahlen für alle.
Nicht die Jungen zahlen für die Alten. Sondern die Erwerbstätigen zahlen für die Alten und für die Jungen. Es gibt eine Alters- und eine Jugendlast. Mehr Kinder bedeuten mehr Ausgaben für Kinder – die dann auch wieder älter werden. Damit das Problem nicht in die Zukunft verschoben wird, ist diese Last auf mehr Schultern zu verteilen, und Bildung und Weiterbildung müssen auch den Alten zugutekommen.

12. Gemeinsam alleine wohnen ist besser als Alters-WGs.
Die meisten Menschen bleiben, solange sie können, in den eigenen vier Wänden. Das Zusammenleben mit anderen Menschen weist für viele eine eher geringe Priorität auf. Was nottut, ist eine Erhöhung der Mobilität zwischen befreundeten Menschen. Und der Ausbau der entsprechenden Krankenhaus- und heimexternen Dienstleistungen.

13. „Wu wei" statt Jugendträume.
Es macht keinen Sinn, im Alter alles nachholen zu wollen, was man schon immer einmal tun wollte. Wer sich nicht im „Wu wei", im Loslassen, übt, sondern sich heftig an alles klammert, was ihm bislang etwas bedeutete, wird schwer altern. Wer loslässt, schafft Platz für Neues.

14. Im Sterben sollten wir auf das Leben vertrauen.
Der Tod überfordert alle. Besonders dann, wenn man ihn managen und geplant herbeizitieren will. Vielleicht lässt sich gerade im Lassen und im Vertrauen der sich ankündigende Tod, das Sterben, besser ertragen – auch durch Vertrauen auf die anderen.

15. Wir müssen das Alter neu erfinden – als Mann, als Frau, als Politiker.

Die hinzugewonnenen Jahre sollen sinnvolle und nicht einfach genussvolle Jahre werden. Dazu gehört auch politisches Engagement und das Erproben neuer Rollen in alten Paarbeziehungen. Das Drehbuch für die gewonnenen Jahre braucht alle.

Literatur

Amann, Anton: Die großen Alterslügen: Generationenkrieg, Pflegechaos, Fortschrittsbremse? Wien, Köln, Weimar 2004

Amann, Anton: Kurswechsel für das Alter. Wien 2001

Ariès, Philippe: Geschichte des Todes. München, Wien 1980

Bachmaier, Helmut/Künzli, René: Am Anfang steht das Alter. Elemente einer neuen Alterskultur. Göttingen 2006

Bahr, Hans-Eckehard: Alleinsein. Ich höre auf das Leise. Stuttgart 1987

Bataille, Georges: Die Erotik. München 1994

Beauvoir, Simone de: Ein sanfter Tod. Berlin 2007

Beck, Ulrich/Beck-Gernsheim, Elisabeth: Das ganz normale Chaos der Liebe. Frankfurt am Main 1990

Benedikt XVI./Josef Ratzinger: Deus caritas est, und Spe salvi. Leipzig 2008.

Ben Jelloun, Tahar: Yemma – Meine Mutter, mein Kind. Berlin 2007

Berg, Sibylle: Gepiercte Alte. Zeit-online 7.12.2007

Bien, Walter: Deutschland wird älter. Sind die aktuellen Geburtenraten eine Bedrohung für die Gesellschaft? In: Deutsches Jugendinstitut. Bulletin Heft 54, München 2001, S. 5-9

Binswanger, Matthias: Die Tretmühlen des Glücks. Freiburg, Basel, Wien, 2006

Boros, Ladislaus: Erlöstes Dasein. Mainz 1965

Bouthoul, Gaston: Kindermord aus Staatsraison. Stuttgart 1972

Bovenschen, Silvia: Älterwerden. Frankfurt a. M. 2006

Büchner, Georg: Dantons Tod. Köln 2005

Chardin, Teilhard de: Die Zukunft des Menschen. Freiburg 1963
Claudius, Matthias: Asmus omnia sua secum portans oder Sämmtliche Werke des Wandsbecker Boten. Hamburg o.J.
DeLillo, Don: Körperzeit. Köln 2001
DeMause, Lloyd: Hört ihr die Kinder weinen. Eine psychogenetische Geschichte der Kindheit. Frankfurt am Main, 8. Aufl. 1994
Deun, Uta van: Alzheimer – Der lange Weg des Abschiednehmens. Freiburg, Basel, Wien 2006
Eberstadt, Nicholas/Groth, Hans: Europe's Coming Demograhie Challenge – Unlocking the Value of Health. Washington (AEI Press) 2007
Ernst, Heiko: Weitergeben. Anstiftung zum generativen Leben. Hamburg 2008
Etzemüller, Thomas: Ein ewigwährender Untergang. Der apokalyptische Bevölkerungsdiskurs im 20. Jahrhundert. Bielefeld 2007
Farago, Peter: Freiwilliges Engagement in der Schweiz. Zürich 2007
Fischer, Theo: Wu wei. Die Lebenskunst des Tao. Reinbek 2005
Frankl, Viktor E.: Zeiten der Entscheidung. Freiburg 1996
Frankl, Viktor E.: Der Mensch vor der Frage nach dem Sinn. München 1979
Franzen, Jonathan: Anleitung zum Einsamsein. Reinbek 2002
Franzen, Jonathan: Das Gehirn meines Vaters. In: Ders.: Anleitung zum Einsamsein. Reinbek 2002, S. 16-51
Franzen, Jonathan: Besuchen Sie mich in St. Louis. In: Ders.: Anleitung zum Einsamsein. Reinbek 2002, S. 297-316

Frey, Bruno S.: Glück und Nationalökonomie. Walter Adolf Jöhr-Vorlesung 2001. St. Gallen 2001
Frisch, Max: Homo Faber – Ein Bericht. Frankfurt am Main 1957
Fröhlich, Susanne/Kleis, Constanze: Runzel-Ich. Berlin 2007
Gassmann, Oliver/Reepmeyer, Gerrit: Wachstumsmarkt Alter: Innovationen für die Zielgruppe 50+. München 2006
Giger, Andreas: Reife Lebensqualität. Warum Falten sexy werden. Norderstedt (BoD) 2006
Giovanelli-Blocher, Judith: Das Glück der späten Jahre. Mein Plädoyer für das Alter. Zürich 2004
Grimm, Hans: Volk ohne Raum. München 1926
Gross, Peter: Die Multioptionsgesellschaft. Frankfurt am Main 1994
Gross, Peter/Brosziewski, Achim: Alternde Gesellschaften und verjüngte Betriebe? Soziale Kontexte der Sorge um ältere Mitarbeiter. In: Adalbert Evers u.a. (Hg.): Die Zukunft des Alterns. Bundesministerium für Arbeit und Soziales. Wien 1994, S. 327-341
Gross, Peter: Demographische Paradoxien. In: Neue Zürcher Zeitung, 23./24. Okt. 1994
Gross, Peter: Grauer, aber bunter – kein Widerspruch. Das neue Altern und die Grenzen des Rechnens. In: Neue Zürcher Zeitung 10/11. Nov. 2001, S. 89
Gross, Peter: Rentner an die Waffen. Das Konzept Armee 50+. In: NZZ am Sonntag. 7.11.2005, S. 23
Gross, Peter: Die Goldboomer. In: GDI-Impuls 1/2005, S. 55-58
Gross, Peter: Jenseits der Erlösung. Die Wiederkehr der Religion und die Zukunft des Christentums. Bielefeld 2007

Gross, Peter: Endlich. Der Stachel des Todes. In: Robertson-von Trotha, Caroline Y.: Tod und Sterben in der Gegenwartsgesellschaft. Baden-Baden 2008, S. 253-263

Grün, Anselm: Die hohe Kunst des Älterwerdens. Münsterschwarzach 2007

Guardini, Romano: Die Lebensalter. Würzburg 1953

Güntner, Joachim: Die Altersfalle – schon zugeschnappt? In: Neue Zürcher Zeitung. 7.4.2008, Nr. 80, S. 23

Hammer, Eckart: Männer altern anders. Eine Gebrauchsanweisung. Freiburg, Basel, Wien 2007

Hardinghaus, Barbara: Der Jahrhundertmensch. In: Der Spiegel, 51/2007, S. 76-85

Hastedt, Heiner: Der Wert des Einzelnen. Eine Verteidigung des Individualismus. Frankfurt am Main 1998

Heinsohn, Gunnar: Söhne und Weltmacht. Terror im Aufstieg und Fall der Nationen. Zürich 2003

Heldt, Carola: Was tun, wenn man nicht ins Altersheim will? Ein Entschluss. Magazin der Süddeutschen Zeitung. Nr. 47/2007, S. 27

Hesse, Hermann: Welkes Blatt. Aus: Ders.: Sämtliche Werke, Band 10. Die Gedichte. Frankfurt am Main 2002

Heusser-Markun, Regula (u.a.): Achtung Kinder! Nachwuchs in einer Welt im Wandel. NZZ-Fokus, Zürich 2006

Hitzler, Ronald/Honer, Anne/Pfadenhauer, Michaela: Posttraditionale Gemeinschaften. Wiesbaden 2008

Hondrich, Karl Otto: Weniger sind mehr. Warum der Geburtenrückgang ein Glücksfall für unsere Gesellschaft ist. Frankfurt am Main 2007

Höpflinger, François/Hugentobler, Valerie: Pflegebedürftigkeit in der Schweiz. Bern 2003

Höpflinger, François: Traditionelles und neues Wohnen im Alter. Zürich 2006
Hugger, Paul (Hg): Kindsein in der Schweiz. Eine Kulturgeschichte der frühen Jahre. Zürich 1998
Humbert, Vincent: Je vous demande le droit de mourir. Paris 2003
Huntington, Samuel: Der Kampf der Kulturen. Die Neugestaltung der Weltpolitik im 21. Jahrhundert. München, Wien 2002
Imhof, Arthur E.: Die gewonnenen Jahre. München 1981
Imhof, Arthur E.: Reife des Lebens. Gedanken eines Historikers zum längeren Dasein. München 1988
Jellouschek, Hans: Wenn Paare älter werden. Die Liebe neu entdecken. Freiburg 2008
Jung, Alexander u.a.: Die Hungerrentner von morgen. In: Der Spiegel, 11. Februar 2008, S. 62
Kaufmann, Franz-Xaver: Schrumpfende Gesellschaft. Vom Bevölkerungsrückgang und seinen Folgen. Frankfurt am Main 2005
Kinder, Hermann: Mein Melaten. Der Methusalem-Roman. Frankfurt am Main 2006
Klie, Johann / Student, Christoph: Sterben in Würde. Auswege aus dem Dilemma Sterbehilfe. Freiburg im Breisgau, Basel, Wien 2007
Klüver, Reymer (Hg.): Zeitbombe Mensch. Überbevölkerung und Überlebenschance. München 1993
Koch, Eric: Die Freizeitrevoluzzer. München 1976
Kruse, Andreas: Alter. Was stimmt? Die wichtigsten Antworten. Freiburg, Basel, Wien 2007

Kuonen, Roland: Gott in Lenk. Von der Wiege bis ins Grab – Die kirchlichen Übergangsrituale im 20. Jahrhundert. Freiburg/Schweiz 2000
Kytir, Josef: Die demographische Revolution und die Langlebigkeit. Zu den Ursachen und Folgen des Altersstrukturwandels. In: Rosenmayr, Leopold/Böhme, Franz (Hg.): Hoffnung Alter. Forschung, Theorie, Praxis. Wien 2003, S. 28-39
Lühdorff, Jörg: 2030 – Aufstand der Alten. Deutscher Fernsehfilm 2007
Lüscher, Kurt/Liegle, Ludwig: Generationenbeziehungen in Familie und Gesellschaft. Konstanz 2003
Maio, Giovanni: Für eine andere Kultur des Sterbens. In: Neue Zürcher Zeitung, 14. April 2008, S. 11
Malik, Fredmund: Führen, Leisten, Leben. Wirksames Management für eine neue Zeit. Frankfurt/New York 2006
Malik, Fredmund: Mehr vom Selben. m.o.m.-Letter. Juli 2007
Marx, Karl: Thesen über Feuerbach. In: Marx-Engels-Werke, Bd. 3, Berlin 1969, S. 533 ff.
Matussek, Matthias: Die Nackt-Awards, 9. April 2008. In: Spiegel online, Matusseks Kulturtipp
Meckel, Miriam: Das Glück der Unerreichbarkeit. Hamburg 2007
Meier, Gerhard: Ob die Granatbäume blühen. Frankfurt am Main 2005
Michaels, Axel: Die Kunst des einfachen Lebens. Eine Kulturgeschichte der Askese. München 2004
Minelli, Ludwig A.: Weshalb braucht es keine aktive Sterbehilfe? In: Robertson-von Trotha, Caroline Y.: Tod und Sterben in der Gegenwartsgesellschaft. Baden-Baden 2008, S. 253-263

Mohr, Reinhard: Generation Z oder von der Zumutung, älter zu werden. Berlin 2003
Montaigne, Michel de: Von der Kunst, das Leben zu leben. München 2007
Niejahr, Elisabeth: Alt sind nur die anderen. So werden wir leben, lieben und arbeiten. Frankfurt am Main 2004
Obermüller, Klara: Ruhestand – nein danke! Konzepte für ein Leben nach der Pensionierung. Zürich 2005
Obermüller, Klara (Hg.): Es schneit in meinem Kopf. Erzählungen über Alzheimer und Demenz. Zürich 2006
Obermüller, Klara: Weder Tag noch Stunde. Nachdenken über Sterben und Tod. Frauenfeld 2007
Onken, Julia: Altweibersommer. München 2002
Österreichisches Institut für Familienforschung: Auf dem Weg zur Bohnenstangenfamilie. Statistische Nachrichten 11, 2002
Palla, Rudi: Die Kunst, Kinder zu kneten. Frankfurt am Main 1997
Pirandello, Luigi: Sechs Personen suchen einen Autor. In: Die Trilogie des Theaters auf dem Theater. Mindelheim 1988, S. 13-103
Polley, Sarah: Away from Her (Deutsch: An ihrer Seite). Britischer Kinofilm 2006
Prisching, Manfred: Bilder des Wohlfahrtsstaates. Marburg 1996
Putnam, Robert D.: Gesellschaft und Gemeinsinn. Sozialkapital im internationalen Vergleich. Gütersloh 2001
Reiners, Rob: The Bucket List (Deutsch: Das Beste kommt zum Schluss). Amerikanischer Kinofilm 2007

Renz, Monika: Von der Chance, wesentlich älter zu werden: Reflexionen zu Spiritualität, Reifung und Sterben. Paderborn 2007

Rosenmayr, Leopold/Böhme, Franz (Hg.): Hoffnung Alter. Forschung, Theorie, Praxis. Wien 2003

Rosenmayr, Leopold: Schöpferisch Altern. Eine Philosophie des Lebens. Berlin, Wien 2006

Roth, Philip: Jedermann. Frankfurt am Main 2006

Rupps, Martin: Wir Babyboomer. Freiburg, Basel, Wien 2008

Schacht, Martin: Die ewige Zielgruppe. Berlin 2004

Scherf, Henning: Grau ist bunt. Freiburg, Basel, Wien 2007

Schiesser, Walter: Gelingendes Altsein aus veränderter Sicht. An der Schwelle des vierten Lebensalters. (unveröff. Manuskript) Zürich 2007

Schirrmacher, Frank: Das Methusalem-Komplott. München 2005

Schirrmacher, Frank: Minimum. Vom Vergehen und Neuentstehen unserer Gemeinschaft. München 2006

Schmid, Josef: Bevölkerung, Umwelt, Entwicklung. Eine humanökologische Perspektive. Opladen 1994

Seeling, Charlotte: Wie wichtig ist im Alter das Aussehen? Eine Selbstbetrachtung. Süddeutsche Zeitung, Magazin, 23.11.2007, S. 17

Shaw, Bernard: Zurück zu Methusalem. Ein metabiologischer Pentateuch. Berlin 1923

Shenk, David: The Forgetting. Alzheimer's: Portrait of an Epidemic. New York (Anchor) 2003

Six Feet under – Autopsie unseres Umgangs mit Toten. Kunstmuseum Bern. Ausstellung und Katalog. 2.11.2006 – 21.1.2007

Sölle, Dorothee: Leiden. Stuttgart 2003
Sölle, Dorothee: Mystik des Todes. Stuttgart 2003
Straubhaar, Thomas: Toll – Endlich Platz. In: brand eins Nr. 5/2004, S. 116-118
Süddeutsche Zeitung Magazin. Thema Alter. 23. Nov. 2007
Thormaehlen, Karsten/Hardinghaus, Barbara: Jahrhundertmensch. Ausstellung Festspielhaus Bregenz, 16. April 2008
Tod, Emmanuel: Weltmacht USA. Ein Nachruf. München 2003
Vaskovics, Laszlo / Rost, Harald: Älterwerden als Single. Bamberg 2000 (Staatsinstitut für Familienforschung)
Walford, Roy L.: Leben über 100. München 1983
Walser, Martin: Der Augenblick der Liebe. Reinbek 2004
Weber, Max: Zwischenbetrachtung: Theorie der Stufen und Richtungen religiöser Weltablehnung. In: Ders.: Schriften zur Soziologie. Stuttgart 1995 (Hg. Michael Sukale)
Weiss, Peter: Abschied von den Eltern. Frankfurt am Main. 1961
Wippermann, Peter / Langwieser, Corinna: Länger leben, länger lieben, Das Lebensgefühl der Generation Silver Sex, München 2007